La mauvaise fréquentation

DU MÊME AUTEUR

Suicidez-moi, Éditions Michalon, 2004.
Entre six et huit, Éditions Michalon, 2005.

Patricia Campagne

La mauvaise fréquentation

Drogue, la spirale infernale,
une mère témoigne

ÉDITIONS MICHALON

14, rue Monsieur-le-Prince – 75006 Paris
www.michalon.fr
ISBN : 978-2-84186-365-4

À Inès, Jennifer et les autres.
À tous leurs proches.

L'homme est faible
en ce qu'il commet des erreurs,
il est grand en ce qu'il peut les réparer.

Baruch Spinoza

1
La naissance

Date de naissance : 25 mars 1986, dix-huit heures dix, Paris, clinique de La Muette, seizième arrondissement, enfant prématuré, huit mois et une semaine, deux kilos trois. C'est une fille. Elle est si petite. Pleine de vitalité. Les médecins ont décidé à l'unanimité : pas de couveuse, une couverture chaude comme barboteuse pour la réchauffer, et surtout et avant tout les bras de sa mère, moi. Voilà, le tableau est planté, nous sommes liées à jamais. Jamais je ne te laisserai te refroidir. Elle est elle, elle est moi, elle et moi pour l'éternité. Le diagnostic était pourtant clair dès la première minute : robuste, énergique. Le pédiatre avait relevé une résistance incroyable promettant à mon bébé d'affronter la vie avec ténacité. Une santé de fer qui lui éviterait certaines faiblesses et nombreux désagréments. Une santé qui lui éviterait l'enfer.

18 mars 2006. Paris. Gendarmerie du vingtième arrondissement :

« Date de naissance de votre fille ?

– 25 mars 1986, clinique de La Muette, seizième arrondissement, dix-huit heures dix, presque la nuit. »

Est-ce que je viens d'accoucher encore une fois ? Que se passe-t-il ? Mon bébé serait-il mort prématurément ? Il ne sait pas, lui qui me pose des questions, que tu es née avant terme. Que c'est moi qui t'ai réchauffée. Il ne sait pas qu'il y a vingt ans que je te couve sans aide extérieure. Vingt ans que je te serre dans mes bras, que je te les tends pour t'y blottir, pour te rattraper lorsque tu vas tomber. Tu es tombée. La drogue t'a fait chavirer. Pourtant, ta photo se tient droite accrochée au mur, ici, face à moi. Je te fixe et remarque comme tu as grandi. C'est une petite photocopie d'une photo d'identité, mais ta beauté et ta détresse qui voudraient s'en échapper sont si grandes qu'elles en crèvent le papier polycopié. Au milieu d'autres filles, tu es punaisée, victime, dans un coin sale et jaunâtre d'un bureau étroit, encombré mais ordonné, celui du maréchal des logis-chef. Il m'a convoquée aujourd'hui, il souhaite mon témoignage dans une affaire sordide de stupéfiants. C'est stupéfiant de se retrouver, nous deux, là, ma chérie. Toi collée au mur, moi scotchée sur ma chaise qui ploie sous ma rage contenue et ma tristesse entassée. Je voudrais tendre les bras, décrocher ton visage de la saleté sur laquelle tu reposes, te serrer sur mon cœur, t'arracher du mur, de la drogue, de la mort qui te pourchasse et t'appelle. De ce suicide contre lequel je me bats jour et nuit depuis des mois. Puis courir, courir très vite, encore, t'enlever, t'emmener, t'éloigner, te sauver. Et puis, lorsque nous serions très loin, si loin que personne n'existerait plus autour, s'arrêter et se reposer. Nous retrouver.

Mais ici on court après les malfrats. On veut des témoignages, des noms, des faits. Je suis là pour cracher, balancer, accuser, confirmer, accabler, enfoncer, dénoncer, détruire ceux qui t'ont détruite, ceux qui nous ont tuées. Je ne pleurniche pas. Pas le temps. Mes pleurs, je les garde pour mes mouchoirs déjà bien trempés, ou tes joues où je me colle lorsque je peux te récupérer. Alors là, nous pleurons. Nous pleurons tellement de la joie de nous enlacer, du malheur qui nous a séparées. Nos pleurs pourraient tout effacer. Mais la drogue est là, toujours, pour nous faire replonger. Je respire, je relève la tête, je ne dois rien oublier. Tout va très vite. Aucun détail ne doit m'échapper. Tous doivent être consignés. Trois heures trente de témoignage, c'est court pour détruire l'enfer que nous vivons. Alors j'essaye d'aller à l'essentiel, au plus pressé, aux plus récents, aux plus marquants des faits. Bien sûr, il y a les noms que l'on connaît par cœur, ceux qui reviennent sans cesse rôder. Puis ceux qu'on se rappelle brutalement, susurrés un soir dans le noir par tes lèvres tremblantes de désespoir et de culpabilité. Il y a aussi les noms crachés, tombés de tes lèvres avides, à vide de produits, criés sans désespoir ni culpabilité. Les noms des dealers, les noms des consommateurs, des associés. Il y a les adresses évoquées, glissées d'une poche, dérobées à la sauvette dans ton sac oublié, dans lequel je me plais à fouiller afin de trouver. Les cartes de visite roulées pour mieux consommer les produits prohibés. Les pailles, les tubes, les bouteilles d'eau vidées. Le papier d'aluminium, la paille de fer, et les cuillères chauffées. Pourquoi tout ce matériel ? Pour le crack, le freebase, des trucs qui font planer, décoller, et mal retomber. En dix minutes, vous n'êtes plus sur terre. Gare à l'atterrissage que vous voulez éviter, alors vous recommencez sans arrêt.

Voilà plus de six mois que j'ai alerté la police, et c'est la gendarmerie qui se réveille. Aucun lien entre les deux, le maréchal des logis-chef me l'a bien stipulé. Il s'agit de deux mondes à part qui ne se rejoignent même pas pour la survie d'êtres humains. Eux, ils ne se tendent pas la main, ne se prennent pas dans les bras. Leurs accolades, c'est pour le 14 Juillet. La gendarmerie dépend de l'armée. Effectivement, le gradé ressemble plus à un militaire qui aurait ôté son uniforme pour que je me sente plus à l'aise pour parler.

De toutes les façons, j'aurais parlé. J'ai tellement à dire, tant à dénoncer. Chez les flics, j'ai déjà tout dit. Ils ont déjà tout noté. Mais là-bas, je ne suis tombée que sur des officiers nonchalants, corrompus. Certains m'ont même demandé, tu sais quoi ma chérie, mes bons services sexuels en échange d'aide pour te tirer d'affaire. Si j'avais su que c'était la solution, ou une des solutions pour te sauver, je me serais exécutée sans hésitation. Mais ce n'étaient que des pourris, des ripoux dont je n'hésiterais pas à donner les noms.

Grand, cheveux courts, yeux bleus, à l'écoute, allure sportive et saine, un peu timide, le gendarme est même auvergnat comme moi. Quelle coïncidence ! Décidément, la drogue fait et fait faire des kilomètres. Elle fait son chemin. Elle trace. Si l'on s'en sort, on peut dire qu'on revient de loin. Nous, lui et moi, on était à mille lieues, au milieu des volcans, d'imaginer l'existence et les effets de tous ces produits toxiques, et de tous ces malfrats qui t'intoxiquent. Je décèle chez l'homme jeune une hargne contenue. Ses pouvoirs sont limités. Cela prend du temps. Il ne faut pas fragiliser l'enquête. Il sait qu'il y a des pressions en haut lieu, que l'affaire est compliquée. Des gens sont protégés, pris puis relâchés. On me parle de garde à vue, à vue d'œil ça ne sert pas à grand-chose. On ne peut toucher à certains, les pires bien sûr. Sans doute parce qu'ils font des expériences incroyables, utiles à la science. De véritables alchimistes, laborantins, ils mélangent kétamine, cocaïne, crack, freebase, ecstasy, GHB, et toutes sortes de médicaments, pour voir les résultats sur les filles. Vous connaissez la kétamine ? C'est un anesthésiant pour bœufs et chevaux. Un produit que l'on trouve dans les hôpitaux. Ah oui, même des infirmiers participent à ce jeu de la mort. Les effets sont immédiats : hallucinations, surpuissance, plaisir, abandon de soi, oubli de la douleur. Douze mois pour effacer les traces de cette saloperie qui fait de vous un automate télécommandé qui, au moindre appel téléphonique, retourne se faire violer, frapper, partouzer, écraser des cigarettes sur le corps, et se suicider. Voilà le film d'horreur qui se joue derrière l'écran noir de la nuit parisienne.

2
La spirale

Il y avait le cannabis. Un peu, de temps en temps, comme ça, pour faire comme tout le monde. Puis il y eut la mauvaise rencontre, avec la mauvaise fréquentation, et tout a basculé. Alors, après la mauvaise rencontre, avec la mauvaise fréquentation, alors après, oui, là, ce fut le commencement de l'enfer.

Il y avait toutes les nuits, toutes les nuits des ennuis. Des nuits où tout vous nuit. Des nuits qui ne voient pas le jour. Des jours sans fin, des jours sans nuit. Des jours où l'on attend la nuit. Des nuits où l'on voudrait voir le jour. Et puis surtout, il n'y a plus ni nuit ni jour, mais cette angoisse phénoménale qui vous envahit. Cette force incroyable qui vous oblige à ne pas fermer les yeux, à ne pas vous endormir, parce que au bout, plus loin, il y aura peut-être un jour le jour.

Il y a eu tant de nuits et tant de jours où je n'ai pas dormi.

Il y avait les vitres, les coups de téléphone, les portables, les taxis, les hôtels, les pompiers, les ambulanciers, la police, les gendarmes, les gardes du corps, les psychologues, les psychiatres, les psychanalystes, les médecins, les hôpitaux, les infirmiers, les dealers, la mauvaise fréquentation, les produits, tous les produits. Ceux qu'on lui donnait, ceux qu'elle prenait pour leurs effets, ceux dont elle ne pouvait se passer. Il y avait le temps qui passe. Le temps passé à gagner du temps, l'énergie déployée, l'argent dépensé, la vie assassinée. Mais il y avait surtout l'amour pour la sauver. Il y avait cette douleur qu'on ne peut arrêter, ce doux leurre de la drogue qui ne cesse de frapper.

3
La mauvaise fréquentation

Il y avait la mauvaise fréquentation. Celle sur qui elle est tombée, un jour ou une nuit, et qui la fait tomber tous les jours et toutes les nuits. Un mauvais diable, un mauvais génie, un mauvais sort. Tout est mauvais dans cette fréquentation-là. Pourtant, en apparence, tout semblait bon. Bonne famille, bonne présentation, bonnes manières, bon look, bon chic, bon genre. Un air de bon Samaritain, à qui l'on donnerait le bon Dieu sans confession. Et pourtant, le bon à rien était prêt à tout. Un casier judiciaire l'auréolait déjà. Elle, elle ne le savait pas. Peu de gens le savaient d'ailleurs, qu'il était déjà condamné à l'étranger pour trafic de drogue. Lui, il est diabolique, machiavélique, pervers, mais on ne le sait pas encore non plus. Peu de gens le savent, d'ailleurs. Elle m'a demandé de le rencontrer, une seule fois. Elle y tenait, ça lui faisait plaisir de me présenter celui pour qui elle avait craqué, celui qui la faisait maintenant craquer pour du crack. Celui qui avait enregistré dans sa tête plein de sillons blancs, comme sur le disque de cette chanson de Nicole Croisille, qu'il lui faisait écouter sans cesse : « Femme, une femme avec toi, toi tu es gai comme un Italien quand il sait qu'il aura de l'amour et du vin, et moi pour la première fois je suis enfin devenue femme. » Je crois qu'elle avait réellement pris cette chanson au sérieux, et qu'elle s'identifiait au texte.

Lui, son pouvoir de séduction était indéniable. Les filles, sous l'effet du MDMA ou de l'ecstasy, se mouraient d'amour pour lui. Sadique, il les tenait au creux de sa main. Il n'avait qu'à fermer les doigts pour les écraser, elles étaient prêtes pour le sacrifice. Je ne voulais pas la décevoir, elle était déjà si mal en point, et je voulais connaître le monstre qui l'avait déjà tant torturée. Elle était arrivée la première au rendez-vous, Monsieur n'était pas encore prêt. Son chauffeur l'attendait lui aussi. Impatiente, elle s'était envoyé une coupe de champagne d'un trait, comme une ligne de coke. La drogue se marie si bien avec l'alcool. L'une et l'autre diminuent les effets de l'une et de l'autre, ils sont indissociables. Elle s'était assise face à la porte d'entrée, pour mieux le guetter, le voir entrer. Puis il est entré. Cheveux bruns, propres, boucles d'ange, blazer bleu marine, cravate, pantalon gris, limite élégant, il est apparu à peine courbé. Discours sage, protecteur, limite sensé, il a discuté à peine troublé. La drogue fait des miracles ! Il sait encore parler et tient encore debout. La rencontre fut brève, juste le temps de quelques politesses, il était visiblement éduqué. Il aurait presque fait bonne impression, si l'on ne savait qui se cachait derrière ce déguisement qui pourtant était un autre lui, celui qu'il aurait pu être. Elle, elle buvait ses paroles, le champagne s'était évaporé si vite. Pauvre petite fille naïve, j'apprendrai plus tard que ce qu'il lui fit vivre ce soir-là fut le pire de son existence. Il allait troquer sa tenue de fils de famille pour revêtir celle de fils de pute. En cet homme-là, ce n'était pas un cochon qui sommeillait, ni un Italien comme aurait pu nous laisser croire la jolie chanson. Cet homme-là, c'est un bourreau, un tortionnaire, un assassin. Lorsqu'il enlevait son blazer, c'était pour être nu, pour mieux baiser les filles qu'il dopait. C'est un laborantin, un alchimiste, qui fait des expériences avec les médicaments et la drogue. Il se procure les produits par l'intermédiaire d'infirmières dans les hôpitaux. Les filles sont ses cobayes, il les transforme, agit sur leur cerveau en utilisant de la kétamine, qu'il dilue dans toutes sortes de substances. Cette merde reste un an dans le corps. Au moindre appel téléphonique de sa part, la victime revient se jeter dans la gueule du monstre et de ses disciples. Il vit et se cache dans des hôtels, toujours de luxe, le bourreau a les moyens. Ses proies y sont enfermées. Il mélange aussi les filles, putes professionnelles côtoient jeunes filles de bonne famille pour son plus grand plaisir. Mais ce qui le fait jouir par-dessus tout, en dehors de soumettre totalement les femmes et de les anéantir, c'est de les brûler. Il aurait pu être marin, avec son briquet tempête. Vous connaissez les briquets tempête ? C'est un briquet qui ne s'éteint pas, comme un chalumeau miniature. Lui, il le passe sur le corps des filles, totalement anesthésiées, qui acceptent de se faire cramer sans réaction. Elles se souviendront longtemps après qu'il écrasait sa flamme sur leur peau douce. Il brûlait d'amour pour elles, paraît-il. Il a beaucoup d'argent, et se procure beaucoup de choses interdites. Sa spécialité, le freebase. La coke que l'on fait chauffer dans une cuillère. Là, si vous y touchez, vous êtes mort. Et il vous oblige à y toucher. Il vous aime tellement, vous devez lui obéir. Chacune est sa préférée, il passe d'un hôtel à l'autre, délaissant l'une dans un coma avancé pour retrouver l'autre, prête à se faire exterminer. C'est un homme de soi-disant pouvoir, entouré de gardes du corps, à la fois chauffeurs, rabatteurs, dealers, peut-être tueurs pour le protéger. Il n'est pas très rassuré, personne n'est rassuré dans ce contexte de folie. Personne ne veut cracher le morceau, le dénoncer. Les filles sont inconscientes, victimes, droguées à mort, sans réaction, et elles en redemandent. Il est très dur de se sortir de ce circuit infernal, que ce diable a mis en place. De temps en temps, il a peur lui aussi malgré toutes ses protections. Il a peur car les dealers qu'il ne paye pas toujours à temps, malgré un argent de poche qui déborde de ses poches, débarquent dans sa chambre d'hôtel, couteau à la main, pour le menacer. Alors les filles ont peur aussi, bien qu'elles n'aient plus peur de grand-chose. Elles oublient, elles ont tout oublié, même qui elles étaient. Les mélanges sont si forts, les sensations si brûlantes, les nuits si chargées, les chambres si remplies de monde, elles ne peuvent même plus réagir. Si, après quelques jours d'orgie, quand elles n'en peuvent plus de ne pas dormir, de boire, de se droguer, d'être abusées, brûlées, vendues, offertes au premier venu.

Alors soudain, lorsque la douleur devient plus forte que le plaisir, elle donne un signe de vie. Un petit appel téléphonique du fin fond des toilettes d'une chambre d'hôtel, qui pue la drogue, la pourriture, la mort. Une petite voix s'élève alors, venue d'un ailleurs qu'on ne peut imaginer. Une petite voix qui s'effrite au téléphone, pour disparaître dans le combiné, emportée de nouveau par le jeu diabolique de cet être machiavélique. Vous n'entendrez la petite voix que plus tard, maintenant, elle est retournée dans l'abîme des cuillères, des briquets, des produits frelatés.

Vous auriez pu lui trouver des excuses, à lui. Son passé, sa grand-mère qui l'a soi-disant abusé, sa mère droguée, sa sœur morte dans un accident non expliqué, sa fortune on ne sait comment amassée. Mais non, il n'a aucune excuse. On ne peut excuser les horreurs qu'il fait vivre à votre enfant, à votre bébé. Vous pensez à la couverture où vous la teniez serrée lorsqu'elle est née. Vous désespérez. La rage prend le dessus. Vous n'avez plus qu'un seul but, vous mettez tout en œuvre pour voir le monstre tomber, arrêté, condamné. Il est protégé, l'assassin. Vous n'allez pas le lâcher. Vous y laisserez votre peau, votre vie s'il le faut. Vous y avez déjà tant laissé. Il doit payer pour tout ce qu'il a abîmé, massacré, bousillé. Payer pour la jeunesse envolée, le travail raté, la fraîcheur souillée, l'esprit atrophié, le corps amputé, l'âme déchiquetée, la notoriété saccagée, la volonté matraquée, la vie kidnappée. Il a détruit votre famille. Elle, ses frères, vous. Sans lui, vous n'auriez pas côtoyé les hôpitaux, les psys, les pompiers, la police, les ambulanciers, les gardes du corps, vous n'auriez pas découvert la drogue et ses effets. Sans lui, vous n'auriez pas connu la haine, la peur, l'angoisse, les nuits et les jours sans sommeil, l'attente. Vous n'auriez pas su lire à travers les vitres, à travers les gestes désordonnés, les mots téléphonés, les silences détaillés, les regards creusés, les retours différés. Vous n'auriez pas arrêté de travailler. Vous ne seriez pas ruinée. Votre santé serait préservée. Vous n'auriez pas vu tout éclater. L'équilibre familial aurait été préservé. Les enfants iraient à l'école sans rechigner. La petite travaillerait, elle avait si bien commencé. Et vous, vous seriez une mère presque normale, prête à vous inquiéter si l'occasion se présentait.

La mauvaise fréquentation a tout bouleversé, elle a changé toutes les données, elle lui en a trop donné.

4
Les nuits

Les nuits sont longues. Les nuits sont courtes. Des nuits comme des siècles qui vous ensevelissent, comme des courants d'air qui vous glacent. Les nuits sont sombres. Les nuits sont claires. Des nuits comme des cavernes dont on ne sort jamais, comme des éclairs qui vous foudroient. Les nuits sont féroces. Les nuits sont diaboliques. Des nuits comme des fauves enragés qui vous dévorent. Des nuits comme l'enfer qui vous brûle.

Voilà quelques heures qu'elle est sortie. Il ne faisait pas encore nuit. Je sais déjà ce qui m'attend ce soir : l'attente. Cette interminable attente d'un signe de vie d'un enfant qui se drogue. Je compte les secondes, les minutes, les heures, sans plus savoir l'heure. Je suis pourtant toujours à l'heure. À force d'éplucher le temps, j'ai un réveil dans la tête. Le temps n'a plus d'importance, n'a plus sa place. Pourtant il compte tant. Il est au centre de mes préoccupations, je me dis à cette heure-ci : « Elle doit être là-bas, ou peut-être ailleurs. En ce moment, elle doit faire ceci avec celui-ci ou cela avec d'autres. » J'échafaude des scénarios impressionnants dont les pires scènes m'abattent. Alors, pour me rassurer, je commence à lui téléphoner afin de la localiser et jauger son état. À l'intonation de sa voix, si j'ai la chance qu'elle me réponde, je perçois la situation dans laquelle elle se trouve. Ça commence toujours par la consommation d'alcool, il faut bien se mettre en condition. Au début, ça la rend gaie. Puis c'est l'abus, elle devient agressive. Lentement la peur vous gagne, vous envahit. Vous avez mal au ventre, comme si l'on arrachait vos tripes. Vous avez la gorge qui se serre, comme si des mains vous étranglaient. Un petit coup de téléphone où elle me dirait que tout va bien pourrait m'empêcher d'étouffer. Mais rien. L'angoisse monte plus haut, plus vite, plus loin. Je suis dépassée, je l'appelle de nouveau. Son téléphone est sur messagerie : « Je ne peux pas vous parler pour le moment. » Oui, je sais pourquoi elle ne peut pas, et elle ne veut pas. Elle est trop occupée à s'en mettre plein le nez, et elle sait que je vais lui demander de rentrer. Elle se sent au fond si coupable qu'elle préfère me torturer. Parfois la messagerie est pleine. Impossible de laisser votre inquiétude envahir l'appareil. C'est mieux ainsi. Votre angoisse ne fait qu'accroître sa défonce. Je ne dois pas oublier que notre fusion est néfaste. Un psychiatre me l'a bien expliqué.

Souvent le téléphone sonne dans le vide, et personne ne répond, ni sa messagerie monotone, ni sa voix disloquée. De toutes les façons, à cette heure-ci, je suis bien la dernière personne à qui elle veut parler. Cependant, je serai la première qu'elle appellera dans trois heures, demain ou dans trois jours, lorsqu'elle aura mal, lorsqu'elle sera mal. Alors j'aurai un déferlement d'appels au secours. Des décharges de mitraillette de pleurs, de cris, d'adieux, de menaces, d'insultes, de pardons. Un wagon explosif de sentiments et émotions controversés. La drogue rend ambivalent. Des coups de téléphone comme des coups de poignard en plein cœur. Des coups que j'attendais, puisque j'ai veillé toute la nuit pour les recevoir. Je suis servie. Elle m'a tuée une fois encore. Elle s'est détruite une fois de plus, mais nous sommes en vie. Elle est toujours en vie. C'est tout ce qui compte pour moi. La maintenir en vie pour qu'elle se soigne, qu'elle accepte d'être délivrée. Elle va très mal, comme à chaque fois. Mais elle a encore la force d'implorer l'aide de sa mère. Elle sait que je suis et serai toujours là. Un suicide collectif, en quelque sorte. Elle veut m'entraîner avec elle, irrémédiablement. Elle m'aime tellement. Je l'aime tant. Elle me pousse à accompagner son désespoir, tout en voulant le contrer.

Alors, entre ses pleurs entrecoupés, j'essaye d'obtenir une adresse, un lieu où la récupérer. C'est confus. Elle ne sait plus, elle ne veut pas, elle protège ses copains. Elle souhaite seulement que je vienne la chercher. Sans me dévoiler sa planque. Finalement, elle cède. Elle crache une rue, un numéro, un arrondissement. C'est comme si vous gagniez au Loto. Vous êtes pendu à votre poste de télévision, je suis pendue au téléphone dans l'espoir d'avoir les bons numéros. C'est gagné. J'enfile un vieux jogging pour passer inaperçue, un gros pull, mes baskets usées par ces courses effrénées. J'ai si froid. Je dois foncer, franchir la nuit, abattre le temps perdu, crever l'espace qui nous sépare. Sur la pointe des pieds, prête à bondir pour ma course d'obstacles, je quitte l'appartement où vous, ses frères, vous dormez, ou faites semblant. Moi, avec vous autres, je fais semblant. Semblant d'avoir dormi, rêvé, pas bougé. Je dois vous présenter demain un visage reposé. Mais demain vous saurez, vous comprendrez. Vous savez déjà. Alors vous aussi vous vous mettrez à prendre la nuit pour le jour, vous ne travaillerez plus à l'école, c'est normal. Vous souffrez tant aussi. Vous n'arrivez plus à noter vos cours, votre stylo est trop lourd de vos peines. Vous n'arrivez plus à apprendre vos leçons, votre tête est trop pleine de vos tourments. Vos copies sont en deuil, vos notes se trouvent mal, vos professeurs désespèrent. Il faudra bien un jour leur expliquer le pourquoi de cet échec scolaire. En fait, maintenant, il faut sauver tout le monde dans cette famille. Elle, vous, moi, nous. Je vous abandonne dans votre sommeil. Je dévale les escaliers, les marches roulent sous mes pieds pressés de te rejoindre, d'en finir. La lourde porte de l'immeuble se plaint de ma brutalité. Elle claque après mon départ, comme sur une tête condamnée à l'échafaud. Je suis dans la rue, mon pas s'accélère, mes talons de plastique rebondissent sur le bitume. Je dois rejoindre la station de taxis au plus vite, il est six heures du matin. Personne dans la rue. La ville m'appartient quand toi tu m'échappes. Je bondis à l'arrière de la voiture. Le chauffeur effrayé se retourne. Je bredouille l'adresse. Je l'implore de se dépêcher. Tu me rappelles, tu veux savoir si j'arrive. Dans combien de temps. Je te parle, j'essaye de te calmer. Tu pleures tant. Tant de larmes sur ton beau visage vidé. Tu te sens mal. Tu voudrais mourir. Tu vas peut-être te jeter par la fenêtre ou sous une voiture. Tu es si malheureuse. Comment en es-tu arrivée là ? Les feux rouges ont du mal à passer au vert, eux aussi sont endormis. Il va bientôt faire jour. Réveillez-vous, mettez-vous au vert de l'espoir. J'espère te retrouver.

Voilà, nous pénétrons dans la rue que tu m'as indiquée. De loin, je pense t'apercevoir sur le trottoir. Comment puis-je te reconnaître encore après tous ces dégâts sur ton corps. Mais c'est bien toi, là, chancelante, qui m'attend. Tes habits pendent, tes cheveux s'entremêlent, tes yeux ruissellent, ton maquillage dégouline, ta bouche se tord, torturée, sous l'effet de la cocaïne. Tes doigts se raidissent pour mieux m'expliquer que tu n'en peux plus. Plus je me rapproche, plus tu t'écroules. Tes bras lourds de fatigue se tendent fébrilement pour s'accrocher à moi. Le taxi ne s'est pas enfui, j'ai de la chance. Devant cette scène pathétique d'une mère démontée en plein sauvetage, il sort lui aussi du véhicule et m'aide à te soutenir. Installées à l'arrière, nous repartons, secouées par tes lamentations. Tu veux dormir. Tu es si fatiguée. Alors, tu poses ta tête sur mes genoux et je pose ma main sur ton front. Délicatement je te caresse. Parfois, une phrase incohérente vient rompre la monotonie de mon geste, et tu te mets à sursauter. Tu râles. Tu as faim. Tu as froid. Tu voudrais te reposer. Tu veux ton lit, ton chien, un pétard, un DVD. Ton préféré, c'est *La Belle et la Bête* de Walt Disney. Je te le mettrai en arrivant à la maison. Tu sembles avoir cinq ans.

Le taxi compatit. Il m'aide à te descendre de la voiture et me glisse un « Bon courage » timide et s'éloigne dans un regard fuyant.

Une nuit de plus s'est écoulée. Tu vas dormir toute la journée. Puis, comme si rien ne s'était passé, vers dix-sept heures, tu te réveilleras, prête à recommencer.

5
Les vitres

Il y avait les vitres derrière lesquelles on attend, derrière lesquelles on voit la vie différemment. Les vitres qui vous murent, les vitres d'où l'on perçoit et croit entendre des murmures, des voix que l'on croit reconnaître, des pas que l'on est sûr de reconnaître, les tiens. Des vitres qui vous donnent l'espoir de te voir rentrer. Des vitres qui s'embuent de vos pleurs, s'encrassent de vos larmes, se voilent de vos fatigues. Des vitres qui se marquent de vos rides, tant votre front s'y est collé. Des vitres qui prennent vos empreintes tant vos mains s'y sont appuyées. Des mains qui veulent retenir les taxis qui passent pour vérifier que tu n'es pas dedans. Des doigts à l'affût des voitures qui freinent, pour t'attraper si tu en descendais, et te retenir si tu voulais t'échapper.

Des vitres qui se dédoublent. À force de trop y regarder, vos yeux louchent, votre vue se brouille, vos muscles lâchent. Il vous faudra un peu de rééducation orthoptique. Vous n'allez pas y couper. Vous avez maintenant des problèmes d'accommodation visuelle. Des vitres que l'on voudrait casser, car elles ne reflètent rien de bon. Des vitres dont on attend d'autres images que celles qui sont données. Des vitres qui font halluciner. Des vitres qui vous foudroient, tant est violent ce que vous y voyez. Des vitres qui nous séparent et retiennent les cris. Des vitres que les cris de douleur devraient briser. Des vitres qui vous brisent, vous cassent, vous coupent du monde, fendent votre âme et votre cœur. Des vitres qui puisent dans vos veines leur survie. Des vitres qui prennent vos vies. Derrière elles, mes cheveux ont viré au gris, mes yeux se sont délavés, ma peau s'est craquelée. À trop t'attendre prostrée, j'ai fait une overdose de vitres transparentes et de vitres fumées. Je me suis vitrifiée.

Assise à l'arrière d'un gros 4×4 qu'une laque noire, projetée des roues au toit, a endeuillé, je suis camouflée et inexistante au regard extérieur. Je planque. Je suis planquée. Moi, je distingue tout. C'est fou ce que l'on voit bien quand tout est sombre. La nuit, chaque détail prend une ampleur incroyable. Il y a si peu à voir que l'œil cherche, trouve et amplifie. La proie est alors décortiquée, analysée. Il est minuit. Tu es là, tout près, planquée toi aussi dans un immeuble des années soixante-dix des beaux quartiers. La plupart des volets sont fermés, les rideaux tirés, la vie cachée. Mais on n'en sait rien après tout, de ce qu'il s'y passe. L'immeuble a lui aussi ses secrets à garder, sa vie intérieure à protéger. Les autres étages, je m'en fous. Seul le troisième m'intéresse. Là où on m'a dit que tu te trouvais. Devant ce bloc de béton froid et triste, comme moi figé dans la nuit, j'attends mon enfant égaré. La voiture est si massive et si sombre qu'elle passe inaperçue dans ce décor surréaliste d'un boulevard vide de tout sens. Plus loin, un véhicule rouge s'est garé. Le conducteur s'est endormi sur son volant. Trop de fatigue ou trop d'alcool. Le vent souffle si fort dehors. Je voudrais qu'il s'abatte de toutes ses forces sur les fenêtres du troisième étage pour les ouvrir et laisser rentrer mon amour, mes bras pour te reprendre. Alors je t'enlèverais, nous nous envolerions main dans la main. Nous échapperions à cette prison qui t'enferme, nous enferme, la drogue. Je ne peux rien faire toute seule. Mes deux gardes du corps, conseillés par le psychiatre pour m'aider à te ramener, sont imposants eux aussi. Aussi solides que leur véhicule tout-terrain, leur grande gentillesse est un vrai soutien. Des gars que rien n'effraie, mais sensibles aux cas désespérés. Des gars rodés, des gars qui rôdent, qui n'hésitent pas, compatissent, agissent. Des gars à qui l'on peut se confier. Pas des copains, mais des compagnons de voyage. Des accompagnateurs qui ne commentent pas les paysages parcourus. Ils ne sont pas là pour ça. De temps en temps, pour me rassurer, me distraire du silence pesant, de l'horizon déserté, ils me racontent leurs autres aventures, leurs sauvetages, presque similaires, et me voilà embarquée dans d'autres histoires que la nôtre. Ça détend l'atmosphère. On parle aussi de bouffe, on a faim, on a soif, on peste, c'est long, parce que la petite, comme ils t'appellent, nous mène en bateau. Elle est maligne, il n'y a pas que les idiots qui se droguent. Les produits ça rend paranoïaque, alors elle se méfie. Elle sait que je n'ai de cesse que d'arrêter sa descente.

Il fait froid dans ce corbillard. Voilà cinq heures que l'on est postés. Je n'ai pas bougé. J'ai peur qu'elle me repère. Mon plan serait alors déjoué. À l'affût, je scrute. Des feuilles tombent des arbres, des motos passent. Une a ralenti. Les gardes du corps se précipitent pour vérifier s'il ne s'agit pas d'un dealer, une voiture de police tourne, des piétons piétinent. Tout est suspect. Tiens, la police repasse. Ils se promènent, meublent leurs nuits, racontent leur vie, entrecoupée de blagues et d'appels radio pour éviter la monotonie de leur circuit. On m'a prévenue que tu étais arrivée vers dix-neuf heures, appâtée par une quantité importante de cocaïne. En fait, du Tranxene râpé, une production maison que des amis fidèles qui veulent te voir décrocher t'ont concoctée. Ça a l'air de te plaire. Tout le monde se mobilise pour te faire soigner, mais ce n'est pas si simple. Le problème, c'est que tu es majeure. Fidèle au poste, je te traque, je te suis à la trace. Je trace des lignes entre nous pour mieux te rejoindre. Toi, tu traces des lignes de poudre blanche pour mieux t'échapper. Tu es toxicomane. Polytoxicomane. C'est joli. Ce pourrait être le nom d'une île. Polynésie, ça fait rêver. Polytoxicomanie, ça fait crever. Toi, tu es mon île. Mon bout de terre, mon bras de mère. Tu es mon paysage le plus beau, mon visage le plus cher. Tu es ma chair. Ce soir-là, je ne t'ai pas attrapée.

6
Les jours

Les jours sont aussi sombres que les nuits. Pas de répit lorsque la météo est mauvaise. C'est l'hiver en plein été avec, à la clé, catastrophes naturelles, typhons, ouragans, raz-de-marée, tsunamis, éruptions volcaniques, tremblements de terre. Tout tremble chez moi. Mes mains de fatigue, mes paupières de sommeil, mes jambes d'épuisement, mon cœur d'effroi, mon corps entier est parcouru de spasmes, de secousses. Je suis un séisme vivant, qu'elle seule déclenche et qu'elle seule pourrait arrêter si elle s'arrêtait. Des fissures de douleurs apparaissent à la surface de ma peau et des failles importantes se sont inscrites au plus profond de mon être. Je suis atteinte de l'attente aiguë et chronique.

Celle de son réveil, si par miracle elle est rentrée à la maison. Celle de son retour, si elle est toujours portée disparue. Si le bout de la nuit permet que l'on se retrouve, alors je suis chanceuse et peux envisager de m'assoupir un moment. Je voudrais tant faire relâche, baisser mes rideaux, lourds et chargés de larmes, sur la scène de notre vie. Je voudrais faire une pause, mon bébé. S'il te plaît, dis-moi « endors-toi Maman, essaye d'oublier, je suis là, tout près, maintenant. Profites-en, je suis là, tout près, dans mon lit, à tes côtés. Je suis toujours ta petite fille, celle que tu prends dans tes bras pour la réchauffer. Ton enfant que tu berces, celle qui te demande toujours de l'aide pour la sauver. Celle que tu dois sans cesse arracher à la nuit fatale, aux jours fatidiques, à ces drogues mortelles, fatales et fatidiques. Celle qui te doit la vie, qui te doit encore d'être en vie ».

Merci mon amour, je sais que tes silences pourraient chanter ces phrases mélodieuses. Je sais que les paroles que tu me livres parfois dans un sursaut de conscience sont aussi douces à mes oreilles.

Elle a dû s'endormir vers huit heures. Heure à laquelle ses frères partent à l'école. Ils se sont une fois encore aperçus de son retour chaotique et bruyant. Elle avait faim, alors je lui ai préparé à manger. Que des trucs lourds, pour combler son mal de vivre et éponger le grand vide dont elle déborde. Elle veut que je reste près d'elle. Implore «Maman, viens» si je m'absente pour quelques secondes. Alors, après l'avoir nourrie, je m'allonge à ses côtés pour qu'elle se calme. Je ne respire plus, de peur de l'ébranler encore. «Je suis là, petit corps malmené. Là, sur le bord du lit, pour éviter que tu ne chavires du sommier de tes cauchemars.» Lorsque le sommeil l'a enfin gagnée, je commence lentement à me déplier pour m'éloigner de son désespoir si grand. Je déploie mes ailes pour essayer de m'envoler. Ma jambe droite ankylosée se tend pour échapper au matelas devenu un bloc de béton, sous l'emprise de mon dos contracté. Mon but : atteindre le parquet. La pointe de mon pied crispé peut alors envisager de toucher le sol et de fuir. Je me concentre comme une danseuse sur le bout de mon chausson rose, pour ne pas faire de faux pas. Une fois le talon à terre, j'exerce une pression et une rotation sur cette même jambe afin que la gauche la suive dans mon pas de deux solitaire. Dans ma contorsion, je prends soin de contrôler l'expression de son visage, la profondeur de son sommeil, par des coups d'œil furtifs et inquisiteurs. Mes deux pieds à terre, je me mets à faire des enjambées aériennes contrôlées pour franchir l'espace qui me sépare de la porte de sa chambre. J'atteins la poignée qui pousse un cri métallique lorsque je m'y accroche. Je me faufile comme un serpent, longeant les murs du couloir qui s'offrent à moi comme un cours d'eau frais et fluide. Je suis libre. Dans la pièce à côté, le salon, je m'étends sur le canapé près de la porte d'entrée pour être sûre, inconsciemment, de barrer sa route si elle venait à se réveiller et à décider de repartir. Oui, cela peut arriver. Sur un coup de téléphone. J'ai peu de temps devant moi. Il ne faut pas que ses frères la réveillent en rentrant. Je leur demanderai, une fois encore lorsqu'ils reviendront déjeuner, de ne pas faire de bruit, de ne pas rire trop fort, de ne pas jouer trop brutalement et de ne pas se déplacer trop bruyamment. Je leur demanderai en fait de ne pas exister. C'est simple. Tout le monde doit se plier à son régime de faveur. Un drogué est un grand malade, dont il faut respecter la posologie médicamenteuse et les horaires de ses prises. Les petits repartiront à l'école sans gaieté, nerveux, laissant derrière eux les vestiges d'une mère démontée sur un sofa et la relique d'une sœur anesthésiée sur un lit. Quand ils rentreront ce soir, ce sera l'heure du goûter. Peut-être l'heure du réveil pour elle. Elle, elle sera dégoûtée. Elle ne se souviendra pas de tout, ne parlera de rien, et se jettera sur leurs tartines goulûment, leur enlevant de la bouche une fois encore un peu de leur bonheur enfantin. Puis, après le pain grillé, elle se fera cuire des pâtes. Un kilo. Un kilo qu'elle engloutira rapidement, arrosé d'une cascade d'eau pour mieux se faire vomir. Il ne doit rien rester de ce trop-plein alimentaire, qui a cependant pour quelques instants rassasié et assouvi son manque.

Si son téléphone ne se met pas trop à sonner, alors elle restera à la maison ce soir. Et nous pourrons enfin dormir.

Parfois, elle choisit le jour pour réapparaître. C'est souvent après plusieurs nuits d'absence. Même scénario que la nuit... Appel au secours pour aller jusqu'à elle, ou la guider jusqu'à moi. Appel pour être sûre que je serai bien à la maison, prête à venir régler le taxi qui la déposera, titubante. Une fois encore, le chauffeur me regardera d'un air compatissant, que j'intercepterai avant que la portière ne claque. Je l'aiderai à pénétrer dans l'ascenseur, sans que les portes ne se fracassent sur elle. Je lui demanderai de ne pas crier. Puis elle fracassera la porte de l'appartement, ses talons fracasseront le parquet, son sac se fracassera sur le sol, et elle se fracassera sur son lit dans un fracas fracassant.

D'autres jours, c'est moi qui suis fracassée, car ses appels sont sans suite. Elle pleure, se plaint, geint, puis raccroche en me disant de ne pas m'inquiéter, qu'elle va rentrer bientôt. Lorsque je lui demande quand, elle me répond « une heure environ ». Mais une heure, un jour, parfois une semaine après, toujours personne à l'horizon. Elle est repartie vers d'autres horizons, qu'elle quittera lorsqu'elle sera en pleine descente. Alors par enchantement, elle se souviendra que je l'attends, mais ce qu'elle ne sait pas, c'est que je n'en peux plus de l'attendre.

7
HÔTELS

Il y avait les hôtels. D'abord ceux avec beaucoup d'étoiles. La drogue, c'est d'abord le septième ciel. Puis ceux dont les étoiles avaient filé. Comme elle, petit astre évaporé au firmament de la nuit.

Ceux qui en jettent plein les yeux, où votre maquillage étudié scintille sous les candélabres dressés des belles salles à manger. Ceux que vos robes longues et vos souliers dorés foulent délicatement lorsque vous dansez, fières et altières, sur les marbres et les parquets glacés. Ceux où l'on est censée se tenir bien et droite, car on fait partie d'un monde bien élevé. Des hôtels chics, où votre nom s'inscrit sur les bristols blancs, pour que l'on ne vous perde pas de vue, que l'on vous situe immédiatement à bord de tables nommées et apprêtées pour les belles circonstances. Des galas, des charités, des défilés, des lancements de produits, des soirées privées, très privées, où l'on est fier de vous compter parmi les invités. Des bals où l'on vous voit tourner, et où l'on ne pressent pas que vous allez mal tourner. Vous virevoltez toujours si bien, et toujours si bien accompagnée. Des hôtels comme des châteaux creux, où votre arbre généalogique et votre identité hantent les couloirs. Des hôtels qui vous font la cour, qui courent derrière vous, toujours une invitation à vous adresser. Ceux qui vous reconnaissent ne veulent pas vous laisser échapper, dans l'espoir secret d'organiser vos dîners princiers, et peut-être de vous marier. Ceux qui sont toujours honorés de votre présence, de votre fidélité, même juste simplement pour un thé. Ceux que les passants regardent de loin, sans trop oser s'approcher. Ceux qui font tant rêver. Des hôtels de luxe pour seconde patrie. Un lieu de prédilection pour échouer. Des hôtels aux mille ressources, mille cachettes, mille secrets. Ils connaissent tout et ne dévoilent rien. Ils sont muets, aveugles et sourds. Des hôtels comme des tombes, où l'on festoie entre morts vivants. Je vous rassure, tous les visiteurs ne sont pas foudroyés, intoxiqués, abusés, planqués. Il y a plusieurs races d'hôtels, comme plusieurs races de clientèle.

Il y a les bons touristes, ceux d'un soir. Homme d'affaires de passage venu signer un contrat. Il s'attarde parfois au bar, mais fatigué se réfugie vite dans sa chambre. Il n'a pas vraiment eu le temps pour la conquête dans la journée, et à cette heure-ci il est trop tôt pour que les poules soient lâchées. Il y a les couples d'amoureux, vieux ou récents, qui s'étaient fixé un week-end dans la capitale pour mieux s'aimer. Les amants illégitimes que les hôtels de luxe excitent, c'est plus agréable si l'on doit rester deux jours couché. Il y a les jeunes mariés, dont la lune de miel était programmée tout près de la tour Eiffel pour mieux voir grandir leurs sentiments. Il y a les provinciaux venus se défouler, voir un spectacle. Leurs moyens sont faibles, le prix exorbitant, leur séjour est donc écourté mais leur vœu exaucé. Il y a les habitués, ceux qui y logent à l'année, célibataires vieux garçons et héritiers, veuves milliardaires délaissées. Il y a les rats d'hôtel, des filles venues là pour travailler. Toute une faune qui monte et descend, circule, se croise, aimerait bien se rencontrer, se parler, ou cherche plutôt à s'isoler, s'éviter.

Mais il y a un monde particulier, venu d'ailleurs, dont on évite de parler. Ce sont les noctambules, ceux qui arrivent très tard, repartent parfois vite, mais sont prêts à payer beaucoup, un max, pour qu'on les laisse se défoncer. Une nuit, deux jours, trois jours, l'éternité. Ou une heure s'ils sont dérangés ou trop angoissés. Souvent, ils s'installent le temps de bien consommer, lorsqu'ils ont décidé de festoyer, de « faire la guerre » comme ils disent. Là, c'est l'apothéose. Luxe et volupté. L'hôtel plusieurs étoiles voit trente-six chandelles mais ferme les yeux. Le client est roi, et la suite est son royaume. Il va donc y rassembler sa cour. C'est-à-dire son staff, dealer en tête, putes chevronnées, débutantes peu effrayées, copains dans le besoin, copains comme cochons. Oui, des porcs. Un cheptel de mufles. Une bétaillère d'êtres humains concentrés autour d'un Frigidaire où le frais champagne et la vodka glacée attendent d'être liquidés, d'une table où les lignes blanches de coke bien dessinées se font rapidement sniffer, un lit où les filles enfin shootées vont pouvoir se faire baiser, partouzer, abuser, brûler. Un programme d'enfer, d'où l'on ressort anesthésié, défiguré, abîmé, crevé. C'est là où la mauvaise fréquentation sévissait.

Merci aux hôtels qui ploient sous les étoiles d'abriter cette misérable humanité.

Puis il y a l'autre catégorie d'hôtels. Ceux que l'on préfère éviter, contourner. Ceux qui siègent aux périphéries, aux abords, dans les quartiers démunis. Ceux qui n'ont aucune étoile, où vous ne verrez pas la lune, et dans lesquels le soleil ne brille jamais. Ceux où l'on arrive en fin de course, lorsque l'on est vraiment intoxiqué, malheureux, paumé. Après un long chemin parsemé d'hôtels étoilés, de belles soirées prometteuses d'un avenir doré. Le parcours d'une enfant bien née qui bascule en nuits tourmentées. Quand plus rien ne vous reste, ni cavalier pour danser, ni amis pour s'amuser, ni copains pour se défoncer, ni connaissances pour vous offrir votre dose et vous baiser, alors les dealers sont aux aguets. À l'affût, le doigt sur leur téléphone pour vous contacter. Toujours prêts à vous faire tomber. Pas de thune, pas de coke pour vous, mais du crack, une merde frelatée que vous allez fumer : paille de fer, aluminium, ammoniaque, petite bouteille d'eau minérale vide, petit tube en verre, tout ce que l'on trouve dans une cuisine. Une cuillère que l'on fait chauffer, vous voilà une ménagère prête à vous enflammer pour une recette dure à digérer. En dix minutes à peine, vous êtes une autre qui peut oublier le bouge sordide où vous avez échoué, loin des baldaquins qui vous tendaient les bras il y a encore peu de temps. Ça va très vite pour se casser la gueule tout seul. C'est très fréquent et plus facile dans six mètres carrés de se faire casser la gueule. C'est comme dans une cellule. De toutes les façons, vous êtes prisonnière. Vous avez beaucoup plus mal qu'avant car les coups sont plus durs, les murs sont si près... Ici, on ne peut leur échapper. Impossible d'en sortir, vous êtes piégée. Le dealer aussi vous frappe, vous ne le payez plus. Le sang qui coule sur votre menton vous étonne à peine. Ce connard, vous avez envie de le liquider aussi net qu'une ligne de coke. Mais il vous en faut de toutes les façons, par tous les moyens. Vous êtes en manque et il a un plan, le dealer, pour que vous trouviez. Car lui, il a encore des amis qui payent et qui sont prêts à vous fournir si vous voulez bien payer de votre personne. Alors oui, vous vous donnez. Et vous vous shootez encore plus, tellement vous vous en voulez de vous être donné sans vous être fait payer. Alors, toujours sans argent, tout cela ne vous a rien rapporté, vous essayez de vous tirer de cette cage délabrée, dans un instinct de survie. Vous appelez votre mère.

Oui. Maintenant seulement, vous vous en souvenez.

8
CAUCHEMARS

Il y avait les cauchemars. Les siens et les miens. Les siens, elle m'en parlait peu. Les miens, je ne lui en parlais guère. Mais nous savions l'une et l'autre qu'ils étaient nombreux à traverser nos nuits d'angoisse. Parfois, lorsque le mauvais rêve me pourchassait encore jusque sous ma douche ou devant ma tasse de café, alors, si elle était là, je le lui racontais. Il ne restait, après mon réveil hachuré, que des flashs et des éclats de ce qui m'avait fait tant souffrir, et je pensais que lui relater provoquerait chez elle une prise de conscience de tout ce que je supportais. Elle aussi, bien sûr, cauchemardait. Et lorsqu'elle voulait bien m'en parler, c'était pour expier la peur qui avait été trop grande ou trop près de la vérité. Ces jours-là, son visage s'était froissé comme ses draps sous l'emprise de ses doigts crispés. Ses yeux s'étaient gonflés comme un torrent chargé de boue, et elle ne pouvait mentir sur les effets de l'état agité de ses pensées nocturnes. Moi aussi, je me réveillais souvent le visage baignant dans un trop-plein de larmes amères de ce que je venais de vivre. Elle était toujours au centre du mauvais rêve, toujours dans une situation critique, prête à mourir, pourchassée, violée, torturée, malade, ou morte. La mort n'en finissait pas de mourir. Ses frères cherchaient toujours à la défendre, et bien souvent étaient battus après s'être précipités pour la sauver, frappés eux aussi d'une fin tragique. Notre chien changeait de race, il devenait dalmatien ou berger allemand pour les besoins du rêve. Il subissait aussi un terrible sort, gisant souvent sur le sol dans une mare de sang. Mon fidèle toutou, toi aussi tu mourais dans cette terrible histoire. Toi aussi tu y laissais ta peau. Elle aussi changeait de couleur, parfois elle devenait noire. Elle était souvent prisonnière, cherchait à s'enfuir, courant sans pouvoir avancer, rattrapée toujours par un méchant. Et moi, je courais derrière elle, sans pouvoir l'atteindre. Je tendais les bras pour l'attraper, mais elle disparaissait comme un feu follet. Je pleurais, je criais, je pleurais en vrai, j'étais trempée, et mes cris réveillaient les garçons qui se précipitaient dans ma chambre. Parfois, nous étions dans la tour d'un château, je montais et descendais les escaliers, toujours à sa recherche. Des voix me donnaient alors la date de sa mort, 30 septembre. Il n'y a pas un 30 septembre où je ne tremble d'effroi. Je hais les 30 septembre, je cherche désespérément à savoir ce qu'il s'est passé un 30 septembre.

Dans ses rêves, elle aussi se voit prisonnière, enfermée, exploitée. Des mains s'approchent d'elle pour la toucher, des mains sans visage, des mains que l'on ne peut identifier, juste des mains pour torturer. Elle ne rêve pas forcément de drogue, ce qui est très bon signe, m'a dit un médecin. Son esprit est encore libre. Elle aussi a peur pour moi. Parfois, on tente de nous séparer, de nous arracher l'une de l'autre. La mort m'appelle souvent, passant avec un taxi transformé en limousine corbillard où un homme et une femme vêtus d'un costume kaki me guident, me portent. Je suis très malade, mes membres se paralysent, ils vont me conduire jusqu'à un tapis rouge d'où je vais quitter cette terre sans avoir dit au revoir à mes enfants. J'ai mal, une vraie douleur. Les croque-morts me disent que je ne sentirai rien. Je regrette de ne pas vous avoir embrassés, mes petits, mais c'est l'heure. Certains amis sont soulagés de me voir partir. Ceux-là connaissent ma souffrance réelle. Il m'arrive aussi de voler, c'est formidable. Je remue les bras, comme des ailes, et je décolle. C'est si bon d'échapper à la terre ferme. C'est lorsque j'essaye de lui échapper, de reprendre mon indépendance, d'interrompre notre codépendance. Elle, elle décolle différemment. Elle hallucine sous l'effet de certains produits, elle imagine alors tout un bestiaire savant. Des singes qui jouent du tambour, des serpents qui dansent sur les murs, et des requins, sa phobie, qui dorment dans la baignoire. Elle, bien sûr, animée par toutes ces visions, ne peut pas dormir tant l'effet est oppressant. Elle s'accroche à moi, me supplie de ne pas dormir non plus. Alors, après tout cela, on fait encore et toujours des cauchemars. Parce que ces animaux-là, ils vous rongent le cerveau, grignotent vos neurones, attaquent votre système nerveux. Les lieux de nos tortures sont souvent les mêmes à travers les rêves. Hôpital, ruelle sombre, maison hantée, labyrinthe d'où l'on ne peut s'échapper.

La drogue frappe l'inconscient, tout comme le corps. La drogue est synonyme de mort. On arrive même à souhaiter la mort de celui qui se drogue tellement on n'en peut plus d'elle, de ses effets, de tout ce qu'elle fait. Elle rend malade tous ceux qui s'en approchent. Ceux qui en prennent, et ceux qui sont autour de ceux qui en prennent. Elle est sans limites, vicieuse, sournoise, diabolique. La drogue est un cauchemar.

9
Pertes

Il y avait ce qu'elle perdait, il y avait ce que je perdais. Des pertes à perte de vue. De perte en perte, on ne s'y retrouvait plus ni l'une ni l'autre. Nous étions perdues. Elle, elle négligeait tout, perdue dans les vapeurs d'alcool et les effets toxiques de la drogue. Elle semait derrière elle, comme le Petit Poucet, ses téléphones portables, ses vêtements, ses sacs, son argent, sa vie qu'elle vidait çà et là comme une poubelle trop pleine de déchets. Elle l'abandonnait derrière elle, sans s'en soucier. Moi, je perdais mon temps à la chercher, à la ramasser, mon argent à la retrouver, à la soigner, à la garder. Je perdais mes autres enfants en voulant la préserver. Je perdais mon travail en voulant la surveiller. Je perdais ma vie pour sauver la sienne. Elle perdait le contrôle d'elle-même. Je perdais mon self-control. Tout était compliqué, perturbé, tout ne tournait qu'autour d'elle, j'en perdais la raison. Elle oubliait tout partout, elle ne savait plus où elle était, d'où elle venait, ni sans doute qui elle était. Mais ne faisait-elle pas tout ça pour être quelqu'un d'autre, pour oublier ce qu'elle était devenue, ce que j'avais perdu ? Sans doute, elle se délestait au fur et à mesure des nuits pour alléger ses souffrances. Son fardeau était trop lourd à porter. Plus rien n'avait d'importance. Elle n'était d'ailleurs jamais triste de la disparition d'un objet. Seule celle de son portable l'affligeait. Le téléphone, c'était sa vie, son seul lien avec l'existence. Elle s'en servait bien sûr pour m'appeler au secours, mais surtout pour appeler dealers et mauvaises fréquentations. C'était un pont entre sa vie et sa mauvaise vie. Elle passait de l'une à l'autre en l'espace d'un coup de téléphone, d'un numéro composé déjà enregistré. Alors, en un éclair, elle s'éclipsait, se transformait. Elle devenait celle qu'elle voulait pourtant éviter, et qui l'appelait sans arrêt. Je maudis tous ces portables, tous ces appels téléphoniques qui me la ravissaient. Elle est ravissante. Lorsqu'elle sortait, tout le monde se retournait. Elle est si belle, elle finirait par perdre sa beauté. Elle a perdu ses amis, comme ses bijoux. Ceux-là, on les lui a volés. Bien souvent même autour de son cou. Les diamants, c'est facile à attraper lorsque votre proie ne brille plus du tout, lorsqu'elle est défoncée. Même ça, elle s'en foutait. Combien de jolis sacs, de beaux manteaux, de châles soyeux se sont volatilisés... Ils ont préféré rester accrochés dans les vestiaires de boîtes de nuit si elle avait pris soin de les y déposer, sur le dos d'un fauteuil écrasé par le poids de noctambules, piétinés par terre par les pas de danseurs effrénés, plutôt que de la suivre jusqu'au bout de la nuit, là où il n'y a plus ni jour ni nuit, là où on va crever.

Elle perdait son temps. Elle perdait son énergie, pendant que l'alcool et la drogue lui en offraient une nouvelle, surdimensionnée. Elle perdait sa santé. Elle toussait. La freebase et le crack attaquent les poumons. Elle se mouchait sans arrêt. Renifler la coke, ça ronge les parois du nez. Elle perdait la maîtrise de ses gestes. La drogue, ça fait se crisper les mâchoires, les doigts sont figés, les membres contractés. Elle perdait le goût, le goût de vivre, d'exister. Elle perdait patience, on ne pouvait plus lui parler. La paranoïa s'était emparée d'elle, elle devait tout surveiller, tout contrôler. Elle perdait sa fierté, sa dignité, elle se laissait aller. Les ongles négligés, les cheveux emmêlés, les collants filés, les talons cassés. Elle perdait l'équilibre, elle tombait toujours partout, roulant dans les escaliers. Alors on partait faire des radiographies pour vérifier que rien n'était cassé. Elle s'accrochait alors à moi pour rester debout, et je la tenais serrée. Elle perdait l'envie, l'envie de se lever, de travailler, de s'habiller. Elle perdait son travail, qui pourtant lui plaisait. Elle continuait à se regarder dans les glaces, que pensait-elle d'elle alors vraiment? Sans doute qu'elle allait s'en tirer, qu'elle n'avait pas tout perdu, qu'elle était plus forte que tout ça. Puis, déprimée, car elle était très déprimée, elle retournait se coucher. Alors, elle bouffait, dévorait, puis vomissait. Oui, elle se dégoûtait. C'était un bon moyen d'y retourner, car là-bas, avec la drogue, on oublie qui l'on est. On n'a plus rien à perdre.

Je perdais l'espoir de la récupérer, je perdais l'espoir d'une guérison, je perdais l'espoir de nous en tirer. Certains disaient que je perdais mon temps à vouloir la sauver. Je perdais mes nuits et mes jours, je perdais mon énergie, je perdais ma santé, mes cheveux et ma vue. Je perdais du poids à force de la voir en prendre. Je perdais patience moi aussi, la rage m'envahissait. J'étais devenue agressive, je ne pouvais plus rien supporter. Je perdais mes amis aussi, et mes bijoux, comme elle, quand ses mauvaises fréquentations me les volaient. Si je n'étais pas là et qu'elle les invitait chez nous, tout était perdu. Je perdais mon argent chez les médecins, les psys, les avocats, les gardes du corps, je payais ses taxis pour la récupérer. Je courais au MacDonald's pour ramener les hamburgers qu'elle réclamait, j'achetais ses clopes, plusieurs paquets. L'argent partait en fumée.

Je faisais tout pour la garder lorsqu'elle était rentrée. Je l'écoutais se perdre dans ses mensonges, dans les récits qu'elle voulait bien me raconter. Je perdais mes autres enfants qui pensaient que je ne les aimais plus, car elle était mon centre d'intérêt. Je perdais mes amoureux, déjà peu nombreux, je les sacrifiais. Pour elle, je les répudiais. Je perdais ma famille que je ne tenais pas au courant, je perdais tout lien avec le monde extérieur. Je perdais mon identité, je ne savais plus qui j'étais. Moi aussi, je perdais le goût de me lever, de m'habiller, de travailler. Je perdais mon travail, impossible de me concentrer. Elle m'obsédait. Je perdais la mémoire pour ne me souvenir que d'elle. Elle me hantait. La drogue nous avait fait perdre tellement de temps à nous déchirer et à nous retrouver qu'elle aurait pu nous séparer. Et pourtant, je n'avais de cesse que de lutter à corps perdu contre cette maladie. J'avais si peur de la perdre.

10
L'ÉCOLE

Il y avait l'école. Pas pour elle. Elle n'y allait plus depuis longtemps. Elle, elle travaillait déjà bel et bien. Elle réussissait plutôt assez bien, elle était si belle.

L'école où allaient ses frères. L'école où n'allaient plus ses frères. D'avertissement en blâme, de blâme en conseil de discipline, l'école n'en pouvait plus d'eux, comme nous n'en pouvions plus de la drogue. Le produit se glisse, se diffuse même dans leurs cartables, leurs trousses, leurs cours, leur comportement. Il empoisonne tout. Qui aurait pu croire que cette merde était assez vicieuse pour s'attaquer à ceux qui n'en prenaient pas et à leur soif d'apprendre? Ils s'étaient intoxiqués eux-mêmes de loin, et l'école faisait une overdose de retards assurés, de contrôles ratés, d'absences répétées, d'irrespects démesurés. Les professeurs aidaient au soutien scolaire, mais pas au soutien des familles. Si l'hôpital a du mal à cadrer un drogué, comment l'école pourrait-elle encadrer les frères d'un drogué ? Insoluble. La drogue s'infiltre, ronge, détériore tout. Les classeurs moisissent dans leur coin, les copies sont défigurées par les mauvaises notes, les stylos perdent leurs bouchons, les crayons tombent en miettes, le goût d'apprendre de l'écolier tombe en ruine, la sentence de l'école tombe un jour comme l'échafaud : exclusion. Les frères sont fatigués. Ils n'ont plus le courage de se lever le matin, plus le courage de tourner les pages pour étudier, plus le courage d'obéir. Ils ont juste un peu d'allant pour enfourcher leur vélo et fuir la maison où tout est plombé. En partant, ils laissent derrière eux des feuilles négligées qui jonchent le sol de leur chambre, des livres scolaires éparpillés et déchirés sur le parquet, des habits maltraités enlevés à l'arrachée, des draps en boule tourmentés par les nuits agitées, des réveils étouffés par l'absorption de gros petits déjeuners, seul moyen de combler dès l'aube un vide immense : bouffer. Ils vont à l'école, pas pour travailler mais pour se défouler, respirer. Là-bas, ils trouvent une famille, un public. Là-bas, ils ont l'impression d'être reconnus, appréciés, aimés. Non pour leur travail, car leur potentiel intellectuel est en totale léthargie, mais pour leur drôlerie, leurs sarcasmes poussés à l'extrême. Ils sont en représentation permanente, et leur show n'en finit pas. S'ils ont l'impression de ne pas exister chez nous, pour compenser, ils se mettent en scène sur l'estrade de leur classe. Cela fait rire beaucoup leurs camarades, un peu moins leurs professeurs, à la longue. Au fil du temps, ces derniers n'apprécient guère d'être la risée de leurs mascarades puériles. Alors, de fil en aiguille, l'école ne rit plus du tout. Leurs notes et leur attitude sont à pleurer. Pourtant, l'établissement connaissait la situation familiale dramatique des élèves indisciplinés. L'école se fâche. L'école ne veut plus rien apprendre, ne plus rien savoir, sur les mauvais disciples à l'affection démesurée qui se permettent quelques familiarités. L'école veut des limites. Elle a peur de se faire taper sur les doigts avec une grosse règle, depuis qu'elle sait que certains professeurs sont aussi très familiers avec eux. Devant les pitreries des frères, elle revendique subitement son autorité et son droit à l'exclusion. C'est chose faite. Elle doit se débarrasser des trublions au plus vite. Ils ne peuvent poursuivre leur scolarité dans l'établissement. Leurs résultats ne sont pas à la hauteur, et leur attitude frôle l'irrespect. Les frères sont donc passés de victimes à coupables. Que leur reproche-t-on ? D'être si malheureux ? D'avoir besoin de tant d'amour ? N'est-ce pas tout simplement le fantôme de la sœur droguée qui flotterait comme une ombre sur le sourire en coin des professeurs ? Leurs camarades se rebiffent, ils ne comprennent pas le changement d'attitude subit de l'établissement. Ils veulent faire une pétition pour garder les frères. Après tout, ils font partie de la même famille. S'ils s'en vont, ils vont perdre une fois encore leurs repères. Ceux qu'ils s'étaient créés, petit à petit, shoot après shoot, pour échapper à leur angoisse quotidienne. Les amis de classe survivront-ils aux ravages de la drogue ?

L'école, elle, a déjà baissé les bras.

11
Le cannabis

Il y avait le cannabis. Un peu, de temps en temps, comme ça. C'est soi-disant bon pour se détendre, pour rire. On en prend au début pour faire comme les autres, puis on y prend goût, on apprend vite, on tire des lattes, on roule des joints. Il n'y a pas que les joints qui roulent, les yeux aussi. Les yeux deviennent rouges, les pupilles se dilatent, les paupières gonflent. On a l'air totalement abruti, hébété, défoncé. La transformation physique est presque immédiate, le visage change radicalement après deux taffes. Le corps devient mou, les cheveux plats, et l'on assiste à une dégénérescence du système nerveux. Effet foudroyant sur l'organisme. On devient très détendu, tellement détendu que l'on est une loque humaine. L'énergie, la vitalité s'endorment pour laisser place à une léthargie permanente. Le cannabis est le père de tous les vices. En fait, sous son aspect de décontractant se cache un produit maléfique qui conduit le consommateur fragile entre les mains d'autres drogues plus fortes, et dans les bras de l'alcool.

Après plusieurs jours de consommation intensive, le sujet est prêt pour se jeter à corps perdu sur des excitants type cocaïne ou ecstasy. Après s'être relaxé en fumant son bédo, l'individu a subitement un regain de vie qu'il met en place s'il a le courage, en sniffant une ou plusieurs lignes de coke, ou en descendant des verres de vodka, de whisky. Le cannabis est le premier maillon de la chaîne des drogues dures. Certains consommateurs ne seront jamais tentés par autre chose que leur petit joint du soir, après une bonne journée de travail, pour mieux s'endormir. C'est l'absorption massive et abusive de shit qui fait chavirer. Plus on fume, plus l'esprit devient comme un champ de bataille. Les neurones tombent en miettes, la concentration tombe en décrépitude, la tête tombe toute seule sur l'oreiller tant vous n'avez plus de courage. Juste la force de rouler votre beuh, éparpillée et mélangée à une clope dans une feuille OCB. Pour ça, vous vous redressez, car vous êtes toujours couché. Votre lit, un refuge, un moyen de ne pas tomber de bien haut. Les bras vous en tombent aussi, vous n'avez pas de forces, plus de goût pour rien. Vous êtes devenu un bout de chair molle. Votre bras ne bouge que pour mettre votre pétard à la bouche, ou atteindre la bouteille d'eau, de Coca, toujours à portée de main. Fumer, ça donne soif. Soif, et puis ça donne faim. Très faim. Alors, entre deux spliffs, on bouffe. On engloutit des trucs bien lourds. On bouffe dans le lit bien sûr, car on est si fatigué, si détendu... La bouffe aussi se détend et se répand. Le lit devient une porcherie. Pour certains, cet état de semi-coma aide, paraît-il, à la création. C'est surtout la création du vide. On se vide la tête, tout est vide, plus de potentiel, plus d'énergie, plus d'envie, plus rien. Le cannabis est sournois, hypocrite, il vous endort et se joue de vous, de votre esprit.

Il vous vampirise, vous suce, vous pompe. Il pompe aussi votre portefeuille, vingt euros la barrette, c'est assez cher pour un tel résultat. C'est un fléau, un virus qui sévit à la sortie des écoles. Dès qu'ils ont treize, quatorze ans, il les poursuit dans vos cages d'escalier, où de petits dealers viennent leur fourguer, d'un geste discret de la main, la merde qui va bientôt les faire rigoler et pleurer. Au-delà de l'herbe et de la résine, il y a, tapis dans l'ombre, près de vos ascenseurs et des sorties d'école, des trucs beaucoup plus forts qui vous font vraiment chavirer, et plus rigoler du tout.

C'est un cercle vicieux, car après des nuits de défonce et de descentes, on a besoin de calmer ses angoisses. Alors, quoi de mieux qu'un pétard ?

Tu as maintenant besoin de tous ces produits qui te tuent pour survivre. Et nous, à tes côtés, on essaye de survivre et l'on meurt aussi de cette polytoxicomanie.

12
HDT

Il y avait les HDT. Formule chimique ? Non. Formule magique non plus. HDT, un mélange savant de trois lettres qui signifient Hospitalisation à la Demande d'un Tiers. Le tiers c'est moi, l'hospitalisation c'est pour elle, que je demande à retrouver entière. Une procédure légale, peu connue, et difficile à obtenir. Il s'agit de faire hospitaliser une personne malade qui a besoin de soins, et qui n'est pas en état de décider de son sort médical. Une assistance à personne en danger.

Il m'a fallu six mois d'investigation pour arriver à effectuer avec succès une première HDT, comme une première étoile gagnée sur la neige. Main courante chez les flics, ordonnances médicales, lettres à la préfecture de Police, rendez-vous chez différents médecins pour certificats médicaux, visites aux centres spécialisés pour trouver des conseils et de l'aide. En fait, personne ne peut vous aider. Vous devez tout faire vous-même. On écoute votre récit, on s'apitoie, on compatit, mais on ne peut rien pour vous. Trop difficile. Et puis un jour, ce fut le bon jour, après une nuit infernale. Tout ce que j'avais petit à petit échafaudé, depuis ces mois d'angoisse, finit par aboutir. J'attendais tant ce moment. Ce jour ou cette nuit où je pourrais enfin l'attraper, la maîtriser tant bien que mal, la conduire contre son gré, et la laisser entre les mains de gens compétents d'établissements hospitaliers.

Branle-bas de combat. Elle n'est pas rentrée. Je n'ai pas dormi. Ce petit matin là ses appels téléphoniques, successifs mais désordonnés, me demandant comme à l'accoutumée de descendre régler le taxi, me donnèrent le signal pour déclencher mon plan de sauvetage. Ivre, elle délirait. Sa voix déclamait des propos incohérents, à la fois doux et agressifs. J'exécutai une fois encore, dans un but très précis, ses ordres. Argent en poche, téléphone en main, je descendis comme un kamikaze les escaliers de l'immeuble pour la récupérer. Elle était déjà dans le hall, en train de vociférer, embrouillant le chauffeur de taxi méfiant qui me jeta un regard compatissant que je connaissais maintenant bien. Je l'implorai, le pauvre homme, de m'aider à gravir les trois étages pour atteindre l'appartement. Ce qui me paraissait une montagne. Elle gesticulait, tombait, criait, nous n'étions pas trop de deux.

J'avais pris soin, au milieu de ses rafales téléphoniques, de prévenir la police de la nécessité de leur intervention imminente. Mon interlocutrice, avec qui je communiquais régulièrement depuis quelques jours, était soi-disant sur le qui-vive, prête à intervenir à tout moment à la maison.

Arrivée à bon port, je suppliai le chauffeur de ne pas me laisser seule avec elle, car elle essayait de me frapper, m'enfoncer ses ongles dans la peau de mes mains, pour être sûre de s'y ancrer, de ne plus me lâcher, me lancer des objets qu'elle pouvait saisir sur son passage. Une collection de belles pierres brutes vola dans l'air comme des météorites. Devant ce spectacle et ces injures, le chauffeur s'exécuta. Il devint comme un bouclier humain entre nous, esquivant les coups. Il faut dire qu'il était costaud, le Portugais. Je lui dis que la police arrivait, qu'il devait les attendre sinon ce serait dramatique. C'était déjà dramatique. Je lui promis de le payer plus, beaucoup plus. Très mal à l'aise, effrayé, gêné, il voulait vite quitter la maudite et sordide histoire dans laquelle il était devenu, sans le vouloir, un personnage important à risques. Elle hurlait, m'insultait, voulait me voir crever. J'étais déjà crevée. J'avais déjà crevé. La sonnette de l'appartement retentit. J'ouvris la porte. Le chauffeur s'évapora comme par enchantement, emporté par un gros billet comme sur un tapis volant. La police entra alors en scène. Cinq jeunes gars, illustrant les cinq continents, envahirent mon salon. Elle fut surprise un instant. Elle se ressaisit. Cinq gars pour elle toute seule, le jeu de la séduction prit alors le dessus. Elle allait pouvoir effectuer ses tours de manipulation comme une magicienne. Elle était une martyre, sa mère une marâtre. Elle n'avait rien fait de grave. Elle rentrait gentiment chez elle. Était certes un peu fatiguée, mais après une bonne nuit, tout rentrerait dans l'ordre. Les jeunes poulets s'égosillaient, essayaient de la mettre en confiance, sans trop y laisser de plumes. Ils sont frileux, le matin. De mon côté, j'essayais désespérément de les convaincre de faire quelque chose d'efficace : l'embarquer à Sainte-Anne. Alors là, ils ont battu de l'aile. J'appelai moi-même la chef sur sa ligne directe, qu'elle avait pris soin de me donner depuis quelque temps. Mais le volatile s'était envolé. Disparue, celle qui m'assurait de son efficacité. Dans la foulée, je téléphonai au psychiatre, au psychologue, pour qu'ils interviennent. Mais aucun n'était prêt à se mouiller maintenant. Ils me conseillaient d'appeler d'autres médecins, certainement libres en ce moment, prêts à se déplacer. Eux étaient devenus, en un éclair, des infirmes de la médecine. J'apportai aux cinq jeunes oiseaux, sûre de les convaincre, un sachet où j'avais pris soin de ranger les ustensiles indispensables au free-base trouvés à la maison : petite bouteille en plastique, tube en verre, paille de fer, aluminium, et même un peu de cocaïne. Je pensais qu'ils allaient sauter dessus comme sur leur grain. Et bien non. Je ne leur fournissais que des résidus dont ils ne savaient que faire, et qui ne prouvaient rien. Désespérant. J'étais pendue au téléphone, les flics étaient pendus à ses lèvres, essayant de la raisonner. Il fallait gagner du temps. Je ne pouvais pas rater mon coup, c'était si difficile à réaliser. Je la tenais là, sous ma main, en très mauvais état. J'avais des papiers, un dossier bien ficelé, c'était, on m'avait dit, la situation idéale. Il fallait juste m'aider à l'embarquer. Mais les oiseaux ne pensaient qu'à s'envoler, les médecins se portaient pâles, il ne restait que moi et ma détermination. Je ne lâcherai pas l'affaire. Alors, un psychiatre me donna en ultime recours le numéro de téléphone de gardes du corps, prêts à intervenir très vite. Je composai le numéro, résumai de mon mieux la situation tragique. Le type et son équipe ne pouvaient arriver que dans une demi-heure. Elle s'était couchée, ne demandait qu'à dormir, un gros pétard au bec, qui tombait éméché lui aussi sur les draps qui se trouaient immédiatement. Le téléphone toujours à la main, elle suppliait ses copines de venir finir leur nuit désespérée à son chevet. J'évitais de pénétrer dans la chambre, de la regarder, de lui parler. Elle avait tant de haine. La femme de ménage, choquée, essayait de la calmer.

Coup de sonnette à la porte. Mon cœur sonnait dans ma poitrine, j'étais sonnée par ses cris, me précipitai mécaniquement, espérant que j'ouvrais sur la délivrance. Trois grands gaillards entrèrent. J'expliquai rapidement les faits, les conduisai vers la chambre où elle trônait, dirigeant son pétard vers le plafond comme un sceptre. Puis s'ensuivit une longue discussion, une longue négociation, où la délégation en place réussit à la convaincre de venir passer une visite médicale, juste une petite visite. Bravo les gars. Elle pestait toujours contre moi, me demandant surtout de ne pas l'accompagner. Deux convois se dessinèrent alors. Une première voiture avec deux des hommes où elle prit place, et une autre où je m'installai aux côtés d'un jeune homme calme et mesuré. Elle ne devait pas savoir que j'étais là, derrière, dans un autre véhicule, en pleine filature. Le premier effectif nous téléphonait pour nous indiquer le déroulement du voyage. Il ne fallait pas qu'elle s'aperçoive de ma présence. Elle ne se rendit compte de rien. Je l'imagine concentrée sur les propos qu'elle devait tenir à ses deux convoyeurs, leur racontant sa vie à sa façon. Arrivés à Sainte-Anne, puisque c'était la destination choisie et idéale, elle se jeta toute seule dans la gueule du loup. Pensant sans doute naïvement en ressortir très vite, après ses explications qu'elle croyait claires et nettes, et un bref examen qui lui semblait anodin. J'entrai alors en scène. J'apparus comme un diable sorti d'une boîte. Elle s'étonna sans plus de mon arrivée, sans suite dans les idées. Puis l'attente commença pour nous. Après qu'elle eu vu un médecin, je fus auditionnée à mon tour. Je déballai mon sac, étalai mes témoignages, sortis mes certificats, ma main courante, et tout ce qui constituait mon trésor de guerre que j'avais méticuleusement accumulé comme une fourmi malingre. Je portais tout sur mon dos. Quelques minutes suffirent pour entendre la sentence tomber. HDT. Le verdict semblait évident pour un psychiatre. Il fallait maintenant le lui annoncer. Et l'on me prévint que si elle résistait, on lui passerait la camisole de force. Très impressionnant, me dit-on, mais ne laissant pas de traces. J'étais terrifiée à cette idée. Je venais de voir un patient être embarqué de cette façon, et ses cris retentissaient à mes oreilles après s'être fracassés contre les murs salis par tous les désespoirs de la salle commune.

De retour dans la salle d'attente, elle et moi, côte à côte, ne bronchions pas. J'esquivais ses regards surchargés de larmes pour ne pas me noyer. Je détournais la tête, coupable de la situation. J'évitais les mots implorants qu'elle prononçait entre deux sanglots. Elle était très mal, et je souffrais autant qu'elle. Je connaissais l'issue, elle pas encore. HDT. Le médecin la convoqua, seule. Lorsqu'elle ressortit, elle se jeta à mes pieds, me suppliant de ne pas faire cela. Mais j'avais signé. Elle devait rester. On nous laissa nous dire au revoir. C'était pire qu'un adieu. Jamais je ne serai autant déchirée que lorsque nous nous séparons dans ces endroits trop aseptisés, qui puent pourtant l'éther et la douleur. Ça sent fort, la douleur. Ça vous étouffe. Ça vous empêche de respirer.

Mon amour, j'aurais tellement aimé ne pas fréquenter avec toi ces couloirs carrelés, ces blouses blanches maculées, ces chariots rouillés, où notre vie s'est souillée.

Il y eut d'autres HDT. Dures. De plus en plus dures à réaliser. À présent, elle se méfiait. Je la guettais. Je l'attendais, tapie dans l'ombre de nous-mêmes. Inconsciemment, elle savait et espérait que j'allais lui tomber dessus. Pas vraiment par surprise, puisqu'elle me prévenait toujours de son retour. Elle m'appelait au secours lorsqu'elle allait très mal. En fait, elle cherchait des limites, et j'avais fini par lui en donner. Certes, l'hôpital était un cadre particulier, mais là, elle était contenue, maintenue en vie, hors de danger. Je savais où elle dormait enfin. Et elle, shootée d'antidépresseurs, à l'abri des dealers, pouvait enfin sommeiller en paix.

Lorsqu'elle disparaissait, il me fallait environ quinze jours pour la récupérer. Tout était réglé en fait de façon méthodique, à croire que son horloge biologique se mettait sur alarme de façon régulière. C'était toujours le même schéma. Elle s'enfuyait. Vivait sa vie, ou plutôt sa mort, en errant de droite à gauche, de haut en bas, chez les uns et les autres, là où la coke s'entassait, là où le crack s'accumulait, là où le freebase chauffait, là où l'alcool coulait et s'évaporait, là où la débauche l'appelait. Téléguidée, télécommandée, elle suivait la route des épices, des produits frelatés. Sans caravane, sans bagages, elle changeait de tenue au gré des rencontres. Elle partait avec un manteau et revenait avec une veste ou un blouson. Elle chevauchait des talons hauts qu'elle échangeait contre des baskets pour mieux s'envoler et mieux atterrir. Toujours un grand sac à la main, rempli comme un dressing désordonné, des culottes sales qu'elle semait en route, du maquillage cassé qu'elle oubliait sur place. Son portefeuille usé qu'elle vidait en une prise. Un sac comme une poubelle, rempli et délesté. Un sac comme un parachute, auquel elle s'accrochait pour amortir sa chute. Un sac comme un oreiller bien gonflé, pour poser sa tête lorsqu'elle lui pesait. Quand son barda était trop lourd à porter ou qu'il n'y avait plus rien à quoi se rattacher, elle m'appelait. Elle me téléguidait, elle me télécommandait. Elle était mon produit. Elle était ma drogue. Alors je démarrais, accompagnée de mes fidèles gardes du corps. Lorsqu'elle était dans nos filets, il fallait la convaincre de se rendre à l'hôpital. Impossible. Je devais alors faire intervenir de plus en plus de monde. Pompiers, police, qui arrivaient nombreux pour se distraire, surtout le samedi soir, sur le lieu de nos ébats. Je devais à chaque fois leur expliquer l'histoire, à chaque fois recommencer. Et elle, elle recommençait sa version des faits. Mais tous ces gens ont peu de pouvoir. Après maintes explications, supplications, ils nous conduisaient à la porte des urgences de l'hôpital le plus proche, et nous abandonnaient entre les murs étroits, les plafonds étriqués qui nous prenaient en étau et en otage. Là, au milieu des blessés, des brancards, des perfusés, elle s'accrochait à moi comme à la vie, sur un banc, au fin fond d'un couloir sinistre, éclairé de néons épuisés par toutes ces scènes de désespoir. Elle m'implorait encore, se mettait à genoux, elle m'aimait, je ne devais pas l'abandonner. Il fallait que je dorme avec elle ici, puisque maintenant elle avait sommeil. La coke aussi n'en pouvait plus d'elle. Elle avait mis tout son pouvoir dans ses bras, ses jambes, ses mâchoires qui s'étaient tant agités de façon saccadée dans tous les sens, pour nous faire croire qu'elle maîtrisait l'espace et elle-même. Elle pleurait. Elle pleurait tant. Ses paupières gonflées se baissaient. Tout maintenant en elle baissait les bras. La drogue aussi baissait d'un ton. Elle n'aimait pas le bruit des chariots sur le carrelage aseptisé, où de temps en temps du sang trop lourd à porter s'était glissé. Je baissais les yeux pour ne pas croiser son regard. Elle me fixait. Elle m'engloutissait. Elle était une pieuvre, ses membres comme des tentacules s'agrippaient à moi pour mieux me dévorer. J'étais sa proie et sa délivrance. Je me noyais de ses larmes, m'engloutissais dans ses cris, et pourtant fanatique, obsédée par un seul objectif, son hospitalisation, je ne coulais pas. Je ne devais pas penser. Je devais maintenir le cap. Fermer toutes mes écoutilles. Finalement, un psy nous reçut après de longues heures de naufrage. Il nous écouta. Elle, elle se ressaisit. Ses pleurs s'estompèrent. Elle essayait de faire bonne figure. Mais le médecin n'était pas dupe. Enfin, je signai pour une HDT. Ce fut alors comme un soulagement pour elle. Ce contre quoi elle avait lutté toute la nuit s'imposait à elle, et elle ne le refusait plus. Elle voulait simplement juste que je l'accompagne dans l'ambulance.

Ce soir-là, je me suis glissée à côté de son brancard. Endormie, elle ne s'en est pas rendu compte. Je l'ai accompagnée comme elle me l'avait demandé. Je lui ai tenu la main. Elle dormait si bien. Une fois encore, je l'avais sauvée d'elle-même. Elle respirait. Elle était en vie.

13
Hôpitaux

Il y avait les hôpitaux. Ceux de jour et ceux de nuit. Aussi sombres et aussi clairs que les jours et les nuits. Ceux où l'on arrive en pleine nuit et dont on ressort un jour. Ceux où l'on passe un jour pour éviter l'écueil des nuits. Ceux d'urgence et ceux qui prennent leur temps. Ceux qu'on fuit et ceux qui vous rattrapent. Ceux qui vous gardent longtemps dans l'espoir de ne plus vous revoir. Ceux qui vous évacuent vite dans l'espoir aussi de ne plus vous revoir. Ceux qui vous offrent un brancard bancal, ceux qui vous proposent un lit étriqué, ceux qui mettent à votre disposition une chambre que vous devez parfois partager. Ceux qui s'offrent à vous en entier pour que vous en profitiez. Ceux qui donnent une leçon. Ceux qui vous font la leçon. Ceux qui vous maîtrisent lorsque vous ne maîtrisez plus rien. Ceux qui vous observent, qui vous étudient, qui vous diagnostiquent. Ceux qui soignent tout, les autres, vous. Ceux qui soignent les fous, les hôpitaux psychiatriques.

Lorsque vous franchissez pour la première fois les portes d'un hôpital psychiatrique où l'on vous place d'office lorsque vous êtes en HDT, vous êtes stupéfait. Que ce soit le jour ou la nuit, c'est toujours surprenant. Les portes s'ouvrent machinalement, se referment automatiquement, pour ne plus vous laisser passer que sur un avis médical. Impossible de repartir de son plein gré. Vous êtes coincé, mis hors service, comme une voiture en panne dans un garage où l'on va essayer de vous réparer après un check-up. C'est souvent du bricolage, car ils n'ont pas toutes les pièces détachées ni les outils nécessaires.

On est d'abord saisi par le spectacle qui s'offre à nous. Un beau désordre dans une belle organisation. Il y a une hiérarchisation de la folie. Certains le sont plus que d'autres, d'autres ne le sont pas encore, mais finiront peut-être par le devenir si certains les y poussent. C'est une cité en miniature. C'est la cité de la peur. Comme une ville, l'hôpital psychiatrique a des secteurs, des quartiers, plus ou moins chauds, plus ou moins dangereux, des zones interdites, des sens giratoires. Plus on s'élève dans les étages et plus on est sûr de la gravité des cas. D'ailleurs, on ne sort plus des étages les plus élevés. L'ascenseur n'est pas fait pour les malades, mais pour le personnel soignant ou la famille. Lui, le malade, il est prisonnier, isolé. Il a droit aux couloirs, à sa chambre, au salon fumeurs, à son pyjama, et à ses médocs qui l'abrutissent pour être sûr que son bras très fatigué n'aura pas la force d'appuyer sur le bouton qui le conduirait, après plusieurs haltes, au rez-de-chaussée. L'ascenseur ici aussi a ses états d'âme. À force de véhiculer des déments et d'écouter leurs propos démentiels, il est usé. Il est aussi lent que la guérison. Bien nombreux sont ceux qui n'en sortent pas.

Et on les retrouve toujours dans le même ascenseur, unique lien pour monter et descendre entre la cafétéria et leur chambre. Là, ils ont le temps d'échanger des propos entre eux à propos de tout et de rien. Un jour, l'un d'entre eux m'interpella pour me parler de mon manteau, de sa fabrication, de sa qualité, me précisant que son père était fourreur. Puis soudain, dans un sursaut de conscience de son délire, il s'est ressaisi et a conclu en me quittant : « Ne vous inquiétez pas, nous sommes dans un hôpital psychiatrique. »

L'hôpital psy se compose d'une entrée, bien sûr où l'on vous accueille, pas forcément chaleureusement. On note votre nom, le nom de la personne que vous allez voir, en prenant soin d'inscrire l'heure de votre visite et d'appeler le service pour avoir l'autorisation de vous faire monter. Ils ne font pas vraiment attention à l'accueil, ils ne se souviennent pas vraiment de vous, même après un mois de visites quotidiennes. Ils arrivent même à laisser passer une malade. Ils ne sont pas très physionomistes, à l'accueil. C'est bizarre, ce sont les seuls à ne pas savoir qu'ils sont chez les fous.

Il faut dire qu'elle, elle n'en a pas l'air. Elle pourrait être infirmière, jeune médecin dont la maladie des autres n'aurait pas encore eu la peau, psychologue intérimaire, amie de passage, parent éloigné d'un détraqué. Non elle, elle n'est pas démente. Elle n'a rien à faire ici, *a priori*. Elle ne porte pas de pyjama, est à un étage où l'ascenseur fonctionne pour tout le monde, n'est pas shootée totalement aux antidépresseurs et somnifères. Elle se demande ce qu'elle fait ici. Elle en a marre d'être enfermée et ne voit pas la nécessité du séjour qui s'avère déjà trop long, quinze jours environ. L'amnésie de l'accueil et sa bonne figure facilitent sa fugue. On peut donc s'enfuir d'un hôpital psychiatrique. C'est elle qui me prévient qu'elle s'est tirée tranquillement, sans problème. L'accueil n'y a vu que du feu, comme toujours. À croire que la folie frappe aussi au rez-de-chaussée. Elle, elle est libre maintenant. Elle ne peut cependant s'empêcher de me tenir au courant, comme pour me narguer. Tout va bien, elle s'est réfugiée chez une amie où elle va dormir. J'appelle l'hôpital, stupéfaite par leur manque de surveillance. Ils ne l'ont pas vue partir. Ils ne se sont rendu compte de rien. Ils vont l'appeler tout de suite. La déclarer en fugue à la police, lui demander de revenir d'elle-même. Ils se sentent mal dans le service. Ils auraient besoin d'un verre d'eau, la pilule a du mal à passer. Elle ne veut pas rentrer. C'est sûr, l'hôpital ne peut la convaincre. Alors, comme toujours, ça tourne mal. Elle y retourne, pas à l'hôpital, bien sûr, mais à la drogue. Et comme toujours, elle m'appelle car ça tourne mal. En pleurs, désespérée, elle me téléphone et me supplie de l'accueillir, ce que je fais comme à l'accoutumée. L'escapade n'aura pas duré longtemps, l'hôpital ne mettra pas longtemps, cette fois-ci, à m'envoyer infirmiers et ambulance afin de la récupérer et de lui faire réintégrer, cette fois-ci, un étage plus élevé qu'elle n'oubliera jamais.

Le sixième étage est calme, trop calme. À croire que les murs eux aussi ont absorbé tous les Valium, les Tranxene, les Téralène de l'établissement. Les patients sont moins nombreux. Ils hantent le couloir à pas feutrés, portés par leurs chaussons en voiles bleus et blancs, qui leur donnent l'impression de flotter sur le lino. Leurs pyjamas tachés, trop grands, les feraient passer pour des anges si on ne savait pas que c'est le diable qui les habite. Leurs histoires sont incroyables. Chacun vous la raconte à sa manière, de façon très convaincante. Je viens tous les jours, et tous les jours leurs délires verbaux s'agrémentent de nouveautés. Une jeune femme qui se prend à la fois pour une danseuse étoile, peintre, mannequin tête comme elle me précise, s'attriste sur le sort de son cochon d'Inde qui n'a pas fait de sport aujourd'hui, et de son cheval qui n'a pas d'eau ni de téléphone. Un jeune Noir, maigre, élancé, à visage de jeune fille, défile dans le couloir à moitié nu, une feuille à la main, où il a pris soin de noter tous les projets d'entreprise qu'il souhaite réaliser.

Il me demande si je me souviens de lui, pendant les défilés de prêt-à-porter. Très vite, il va monter une agence de mannequins. Un autre, gros et rouge, baragouine un anglais incompréhensible. J'apprends qu'il a mis le feu à un immeuble, comme ça, juste comme ça. Je comprends mieux sa couleur, il a failli cramer. Les visages sont vides, comme des cimetières d'où les morts auraient fui les tombes. Les regards sont hagards, ailleurs, peut-être réfugiés au plus profond de leur chair flasque. Les sourires sont figés, comme des épitaphes dans du marbre. Un coin de lèvre se fissure de temps en temps, pour laisser échapper de la salive, un mot, un signe de vie. Parfois, une bouche s'entrouvre, plus grand et plus fort, pour laisser s'enfuir des cris. Les hurlements d'un homme blessé comme un animal, qui fendent les murs, accompagnés parfois de coups de tête, de coups de pied portés contre la vie, contre lui-même. Alors, lorsque cette complainte domine l'étage si fort que les autres voudraient aussi crier et lui ordonner de se taire, lorsque les infirmiers eux-mêmes n'en peuvent plus, alors on l'attache sur son lit, on le calme à l'aide d'une seringue. Le bruit perdure encore pour longtemps, comme une balle de ping-pong rebondissant dans la tête de chacun, se martelant dans la mémoire de tous. Il arrive que l'un tente de se suicider, et là, pas de cris. Les médecins se regroupent, leurs pas rapides envahissent le couloir si silencieux, et leur visage se transforme en interrogation. Comment n'ont-ils pas pu l'empêcher ? Un jeune Chinois sans famille erre en pyjama délavé depuis presque un an. Il a fini par apprendre à dire bonjour. Il vous accueille souriant dès l'ouverture de l'ascenseur. Vous suit, semant derrière vous un chapelet de « bonjour, bonjour », comme un enfant qui découvre un mot et s'amuse à le répéter. Cela met un peu de gaieté. Une autre, à qui vous demandez si ça va aujourd'hui, vous répond machinalement non, bien avant que la question soit finie d'être posée.

Ils sont tous comme des automates, et toi tu ne leur ressembles pas. Tu es juste là en punition. Tu n'as pas respecté les règles de l'hôpital, tu n'en as fait qu'à ta tête. Tu dois avoir des limites.

Seize heures, c'est l'heure du goûter. Ils se regroupent dans l'entrée, autour d'une table où gâteaux, café et thé vont occuper une heure de leur temps qui passe si lentement. On s'échange les gâteaux, on en réclame encore, on les compte. Toi, tu comptes les secondes, les heures, les jours. Bientôt, tu retourneras au troisième étage, où le temps circule entre les mains tremblantes de patients un peu plus réveillés. Toi, tu les écoutes, tu leur donnes des conseils, tu les aides à se déplacer. Il y a quelques infirmes, ce sont généralement ceux qui ont raté leur suicide. Le métro a freiné trop tôt, l'étage choisi pas assez élevé a rendu la pelouse ou le bitume trop souple et trop proche. Toi, tu es très humaine. La drogue ne t'a pas retiré cette qualité. On dirait même que tu fais partie du corps médical. Je comprends mieux qu'ils ne t'aient pas vue t'échapper. Et moi qui viens tous les jours, je m'intègre aussi au décor, recevant les confidences surréalistes de malades que sublime leur physique dégradé. La démence, la déprime, ça rend laid. Les médocs, ça rend gros, mou, lent, négligé. Il y a toutes les catégories sociales ici, c'est un hôpital public. Le laisser-aller s'inscrit sur les êtres comme l'empreinte d'une référence et d'une classe sociale. Les ongles sont longs pour les plus défavorisés, les doigts jaunis par les cigarettes sur lesquelles ils tirent de façon névrotique, réfugiés dans la petite salle fumeurs, seul espace pour le plaisir. Il ne leur reste que cela, des petits bouts de mégots, comme les petits bouts d'une vie qui part en fumée. Parfois, l'un d'eux s'écroule dans le couloir, effondré par l'idée de continuer. Alors, on passe à côté. Tiens, c'est le Polonais, toujours une croix en plastique autour du cou, qui a l'habitude de demander des clopes à tout le monde. Il est recroquevillé en position de fœtus, et l'on se demande s'il est mort. On en est presque persuadé. Un fou se précipite alors, il se prend pour un médecin de l'armée. Il fait un diagnostic rapide, il ne faut pas le bouger. Inquiet, on prévient quand même les infirmiers qui, eux, ne diagnostiquent plus grand-chose, ils sont habitués. Nous aussi, on s'habitue. On continue à parler. Puis le corps disparaît, emporté comme par magie, volatilisé.

Entre déprime, désespoir, déglingue, j'ai parfois envie moi aussi de hurler, de faire tomber ces murs qui nous étouffent, et de partir en courant, de fuir très vite, de nous emporter toi et moi, loin, très loin de cette scène où se joue si bien la folie.

Mais toi, tu vas bientôt sortir, le médecin l'a confirmé ce matin. Pas besoin de crier.

14
LA FUGUE

Il y avait cette nouvelle fugue que personne ne présageait, même pas moi-même qui viens te voir tous les jours et à qui finalement tu ne dis rien sauf que tu es angoissée et que tu m'aimes.

Ta nouvelle hospitalisation dure depuis déjà un mois et demi et ta sortie est prévue dans trois jours.

Tu en as marre, comme je te comprends, moi aussi tellement. Toi, tu n'en peux plus de ces malades qui traînent leur misère et leur malheur, embrigadés dans des chaussons de papier bleu, et moi je suis usée de traîner mes pieds dans ce lieu où tu sembles devenir dingue toi aussi.

Tu m'avais dit qu'il y a quelques jours tu avais essayé de t'enfuir avec une malade en escaladant les grilles et qu'une fois dehors, après avoir déchiré ton jogging vert espérance et la peau de tes mollets blancs, alors une fois dehors devant la porte, prises de remords, vous étiez rentrées de nouveau. Je t'avais félicitée de ce courage d'acrobate et surtout de ce retour rapide à la case départ. Tu m'avais promis de ne pas recommencer.

Et voilà qu'aujourd'hui, alors que j'arrive pour te voir, tu m'envoies un texto « ne viens pas ». Je te téléphone immédiatement pour connaître la raison et tu me réponds très simplement que tu t'es sauvée et que tu es dans le métro, déjà loin.

En un éclair tout s'écroule. Tu as tout cassé. D'un coup de pied, sur un coup de tête, tu as anéanti un mois et demi de travail dont tu allais récolter les fruits en sortant quelques jours plus tard.

Comment as-tu pu ? Comment n'as-tu pas réfléchi aux conséquences ? Tu voulais juste prendre l'air, voir la lumière, la rue, la vie, respirer car tu étouffes, tu n'en peux plus. Moi aussi tu sais, j'ai du mal à respirer.

Je préviens, affolée, l'hôpital qui une fois encore ne s'est aperçu de rien et me répond de ne pas m'affoler que vous allez sans doute rentrer plus tard. Ils prennent vraiment les gens pour des cons ou des débiles, ça finit par déteindre sur le personnel...

J'appelle alors la mère de la fille avec qui tu t'es enfuie. Et là, la course contre la montre commence. L'hôpital m'a bien prévenue, à part déclarer la fugue à la police je dois me débrouiller seule pour te récupérer. Une fois que je t'aurai localisée, je peux appeler la police afin qu'elle intervienne et là, seulement une fois au commissariat, l'hôpital peut envoyer une ambulance pour vous chercher. Ça semble une mission impossible et pourtant je vais tout mettre en œuvre pour te retrouver, vous retrouver. Je dois agir très vite, car très vite les conséquences peuvent être terribles. Elles sont déjà terribles. Si je t'attrape, plus de sortie dans trois jours, plus de visites, plus de téléphone, le port du pyjama obligatoire et peut-être un séjour au sixième étage de l'hôpital, enfermée à double tour. L'horreur, tu connais pourtant déjà ce programme.

J'essaye d'imaginer où tu as pu te réfugier. Le tour est vite fait. Les amis, tu n'en as plus. Je pense alors à une fille plus âgée qui a des enfants et qui t'accueille de temps à autre quand tu t'es perdue. J'embarque l'autre mère dans ma traque infernale, elle aussi décidée à sauver son enfant. Nous allons nous retrouver toutes deux dans un véritable «James Bond» où vont apparaître tout au long de ce film surréaliste policiers en uniforme, policiers en civil, procureur réveillé en pleine nuit, arrestation d'un malfrat, auditions... Il faudra treize heures de recherches, de négociation pour arriver à vous remettre dans l'ambulance direction l'hôpital. J'ai déployé une armée de choc, des flics géniaux au début sceptiques qu'il a fallu convaincre, persuader, émouvoir. Des hommes qui avaient face à eux deux mères en détresse, prêtes à tout pour sauver leurs enfants égarés.

En effet, vous vous étiez réfugiées chez un ami de la mauvaise fréquentation, une autre mauvaise fréquentation, bien connu des services de police, fiché pour braquage, vol à main armée, usage de stupéfiants. Un bon Samaritain prêt à accueillir deux jeunes filles, affaiblies par un lourd traitement médicamenteux, dont on peut abuser facilement et à qui l'on peut administrer n'importe quelle substance.

Les hommes motivés cernaient maintenant l'immeuble du beau quartier où la petite frappe se terre. Il était malheureusement vingt-deux heures, et à cette heure-ci, on ne peut plus pénétrer chez les gens. Il faut réveiller le parquet de Paris. Le procureur refuse l'intervention ce soir. Mais moi, je sais qu'il faut agir maintenant, demain à six heures du matin ce sera trop tard. Vous aurez chuté. En fait, personne n'est vraiment sûr que vous soyez à l'intérieur de l'appartement. Alors, on se met à ramper dans le couloir pour épier, et puis on colle nos oreilles à la porte pour saisir un bruit. Moi je sais que tu es là. Je t'ai entendue tousser. Tu tousses tant maintenant, la drogue et puis les nombreux paquets de clopes à l'hosto. Une femme flic a entendu des rires. Les stores se sont baissés, la lumière a diminué, il y a du monde à l'intérieur. Les policiers cernent le périmètre. L'un escalade l'immeuble avec une lampe torche pour essayer d'apercevoir ce qu'il se passe à l'intérieur. Vous n'êtes qu'au premier étage. Dehors, de l'autre côté de la rue, d'autres s'affairent à surveiller les sorties. À l'intérieur, c'est l'effervescence. On essaye de convaincre le procureur d'intervenir. Maintenant on sait que l'homme est dangereux. Alors on va tous implorer devant la porte triplement blindée, le malfrat a peur des huissiers. Les flics parlent en premier. Puis c'est notre tour. Les mères, nous on supplie, on implore et puis on pleure. Rien n'y fait. Nos complaintes s'évanouissent en traversant le silence et le vide de cette nuit d'attente. Et finalement, si vous n'étiez pas là ? Moi, je sais que tu es là tapie dans le fond. Tu voudrais sortir mais le ravisseur vous en empêche. Il a tellement peur pour lui. Les policiers tentent le tout pour le tout. Ils interpellent une dernière fois le « bourreau ». Ils le menacent. S'il n'ouvre pas maintenant, demain à six heures ils défoncent la porte. Le type effrayé tente alors de joindre la police. Ça marche. La porte s'entrouvre. Le minable apparaît. Gros, gras, libidineux, les menottes se ferment déjà sur ses poignets que deux agents maintiennent fermement. Il n'ose pas nous regarder. Il est rouge. Il longe le mur contre lequel les hommes le plaquent. Puis, toi, fébrile, hagarde, tu sors la première, lentement suivie de ta compagne déjà en pyjama.

Vous apparaissez comme par enchantement. À pas feutrés, comme des otages apeurés, vous franchissez le couloir qui nous séparait pour nous rejoindre et nous tomber dans les bras. Vous avez l'air de zombies sorties d'un monde à part. Les flics laissent délicatement nos émois envahir le hall de l'immeuble. Puis il faut gagner le commissariat comme une victoire avec, en trophée, le bandit qu'on va mettre en garde à vue. Une autre partie commence. Les interrogatoires, les leçons de morale pour vous, petites, afin de vous effrayer à tout jamais. Et puis l'ambulance qui est là, qui attend votre sortie comme celle de prisonnières libérées de leur cellule le temps d'un jugement. Il est cinq heures du matin. Dans la nuit glauque, la séparation est si dure.

Vous aviez tant rêvé de ce moment de liberté.

15
Les efforts

Il y avait les efforts. Sensibles puis perceptibles.

Il y avait même des progrès. Visibles puis réels.

Des efforts couronnés par des progrès.

Plus les mois d'hôpital s'enchaînaient, plus les changements apparaissaient.

Les pulsions disparaissaient.

La dernière fugue avait fait son effet.

Une prise de conscience s'était profilée laissant place à une envie de s'en sortir.

Une envie qui devenait une volonté.

Elle était prête à tout pour en finir avec la mauvaise fréquentation.

Prête à tout pour en voir la fin.

Prête à écouter, à s'appliquer, à obéir, à agir.

Prête à rester encore à l'hôpital, à faire une nouvelle cure s'il le fallait, dans un autre centre.

Elle était prête à se soigner.

Bien sûr, elle savait comme moi que la rechute était là, tapie au coin de la rue, accrochée au détour d'un regard, pendue au fil du téléphone, stagnante au fond d'un verre d'alcool, juste là, à portée de main.

Elle en avait si peur et moi aussi tellement.

Les médecins nous avaient bien prévenues.

Pour une année de drogue, dix années pour s'en sortir. Le calcul est terrifiant, vertigineux. On peut penser alors que l'on ne va jamais en finir, que c'est foutu, que l'on est condamné à errer en pyjama bleu pâle, traînant des pieds sur un linoléum gris décoloré par l'eau de Javel qui décape les idées noires.

Non, tu ne veux pas de cela.

Tu le clames haut et fort.

Tu veux changer de vie, tout recommencer.

Tu dois tout réapprendre, pauvre petite fille blessée.

L'hôpital voit que tu fais des efforts. Il t'envoie dans un organisme pour une formation professionnelle.

Tu acceptes.

Tu n'as pas le choix.

De plus, cela te fait prendre l'air, car tu étouffes derrière les murs blancs craquelés par la surcharge des complaintes des malades. Tu vois le jour, la rue, le métro, les gens qui s'agitent. Tu reçois la vie en pleine figure. Il est huit heures du matin et tu dois te débrouiller seule pour regagner le stage, seule pour survivre. L'hôpital te fait confiance.

Encore envie de fuguer?

Non, car tu sais que si tu continues dans cette voie de progression, bientôt tu sortiras.

Tu n'attends plus que cela.

Tu vas bien à ton stage chaque jour. On te félicite, tu es la meilleure élève du cours. Cela te redonne confiance en toi. Tu te sens valorisée.

C'est bien, continue, tiens bon, c'est ton salut le travail.

Bien sûr, tu es si loin de ce qui te faisait vivre auparavant. Loin des photos pour les magazines pour lesquels tu posais, loin des cours de théâtre où tu t'exposais.

Mais tu as été si loin.

Tu vas bientôt sortir et peut-être t'en sortir, en faisant ce chemin à l'envers aux antipodes de ce que tu as vécu jusqu'alors.

C'est seulement comme cela, avec tous ces efforts, que tu pourras un jour oublier la mauvaise fréquentation.

16
La rechute

Il y avait la rechute.

Inévitable.

Imprévisible.

Inexplicable.

Incontournable.

La rechute dont parlent tant les médecins et dont souffrent tant les toxicos.

La rechute comme une chute incontrôlée et vertigineuse.

La rechute qui ne se fait jamais attendre.

Un gouffre qui vous appelle, vous aspire, vous inspire à plonger encore et toujours.

Une descente aux enfers que vous recherchez, que vous narguez, comme un flirt avec le danger, car vous êtes en manque de cette douleur si grande après cette défonce si violente.

Combien de rechutes faudra-t-il pour vous arrêter ?

Est-ce que vous vous arrêterez ?

L'idée de cette impossibilité de vous soigner, de vous guérir, est si terrible.

Le manque de solutions pour vous sauver, vous le toxico, est si restreint que, vous, le parent, vous en mourrez d'angoisse.

Vous, le père, la mère, les frères, les sœurs, vous êtes condamnés à souffrir sans planer.

Vous ne connaîtrez pas les plaisirs de la drogue, car l'on y trouve du plaisir, de la satisfaction momentanée soit, mais, paraît-il, si puissante que vous ne voulez plus en décrocher, en démordre.

Vous ne pouvez plus, vous êtes piégés.

Un jeu dangereux, mortel, qui se joue en famille et dont aucun membre ne sort intact.

Une sorte de suicide collectif dans lequel vous entraînez sans le savoir, sans le vouloir, vos êtres les plus chers.

Oui, la mauvaise fréquentation t'assassine et nous tue.

On en crève tous.

À moins que ce ne soit la dernière rechute.

À moins que cette fois-ci tu aies enfin compris.

À moins que tu aies eu le déclic, car cette nuit, ce jour, tu ne sais plus, la nuit, le jour, tu as eu si peur.

Peur de la police, de la douleur, de toi-même, de la mort.

Une peur que l'on ressent à chaque instant lorsque la rechute s'installe.

Alors on vit sur le qui-vive, sur le sauve-qui-peut.

On se retrouve de nouveau sur cette autre planète dont toi seul et nous, ta famille, connaissons l'existence.

Notre monde régi par ce fanatisme aveugle à te sortir une fois encore de ce mauvais pas.

Personne ni plus rien ne compte dorénavant, autour.

Juste toi, uniquement, obsessionnellement, aveuglément.

Il faut une fois encore t'attraper et t'obliger à te soigner, toi, qui as déjà tout oublié.

Voilà ce qui se passe lorsque la rechute réapparaît.

17
La fusion

Il y avait la fusion.

Il y a cette fusion qui nous lie l'une à l'autre, si intense, si brûlante, si pugnace, si attachante et si destructrice.

Une fusion qui ronge, pétrifie, grignote, envahit, ravage, étouffe et tout à la fois vous donne la force de lutter, combattre, survivre.

Une fusion qui vous tue et vous fait vivre.

Une fusion unique mais à deux vitesses.

Une fusion toujours présente à chaque instant, intacte, inébranlable. On ne peut lui faire d'infidélité.

Une fusion entre mère et fille, entre mère et fils, plus forte que l'amour.

Une fusion qui ne s'éteint pas malgré toutes les interventions des pompiers. Un feu intérieur qui ne peut se consumer.

Une fusion qui se déverse de l'une à l'autre, de l'une dans l'autre.

Une fusion qui donne mal au ventre, au dos, à la tête, à tous les muscles. Une fusion qui vous permet d'avancer, de rester debout toujours, de ne pas baisser les bras, d'oublier que vous avez mal au ventre, au dos, à la tête, à tous les muscles.

Une fusion qui vous fait exister.

Et pourtant une fusion si fusionnelle que vous n'existez plus.

Vous n'êtes plus vous-même, vous êtes l'autre. Il a pris votre cœur, votre corps, votre âme, votre esprit. Vous aussi vous lui avez volé son identité.

Les médecins nous l'ont bien dit, ma chérie, nos rapports sont trop fusionnels.

Mais la drogue nous a encastrées, imbriquées, collées, soudées l'une à l'autre.

La peur de la drogue nous a fait nous engloutir l'une dans l'autre.

T'es-tu droguée pour m'ensevelir avec toi ? T'es-tu droguée pour que je n'appartienne qu'à toi ? De cette façon, inconsciemment, tu étais sûre de ne pas me perdre, de rester toujours la petite fille de cinq ans qui ne veut pas être séparée de sa maman. Me suis-je laissé embarquer pour ne pas te perdre également ? Si je disparais avec toi, tu m'évites ainsi une mort brutale dans un accident de voiture, une fin tragique après une longue maladie sur un lit d'hôpital, une agonie de vieillarde figée dans une maison de retraite, ou tout simplement un arrêt cardiaque. Mais mon cœur s'est déjà arrêté avec cette maudite drogue.

Tu dois t'en sortir, aussi il ressuscite. Il doit battre pour toi, plus fort encore, pour te sauver. Il doit battre pour moi, pour nous deux et aussi pour tes frères dont la fusion ne m'a pas épargnée.

Les médecins nous l'ont bien dit, ma chérie...

Mais s'il n'y avait pas cette fusion, tu serais peut-être déjà loin. Je ne me serais pas acharnée à t'arracher à ce mal, et aujourd'hui tu n'essaierais pas de t'en sortir avec tout le courage et la dignité qui t'honorent.

On ne peut condamner totalement la fusion !

18
Le lâcher prise

Il y avait le lâcher prise.

Le lâcher prise préconisé dans toutes les thérapies.

Ce terme qu'emploient médecins, psys, spécialistes pour vous demander d'arrêter, d'abandonner, de laisser tomber, de fuir, d'échapper, d'oublier, de vous éloigner, de ne plus vous investir, de laisser faire car vous ne pouvez rien y faire.

Le lâcher prise, c'est avant tout ne plus tenir, ne plus retenir, ne plus garder, ouvrir ses mains, ses bras pour ne plus conserver, balancer, jeter, se défaire, maintenir à distance, se séparer sans se retourner.

Votre prise, c'est votre proie si précieuse, celle que vous gardez, couvez, abritez, protégez, surveillez, celle que vous ne voulez pas laisser s'échapper au fond.

C'est celle qui vous tient, car elle s'agrippe, s'incruste, s'imprègne, vous envahit et vous dévaste. C'est ce petit embryon du départ qui vous fait tant souffrir, dont vous nourrissez inconsciemment le mal en étant si proche, si liée.

Voilà pourquoi il faudrait ce lâcher prise, pour vous décoller.

Ce serait comme un divorce qui tournerait mal, une rupture brutale et violente, une mort après une longue agonie, une déchirure de bas en haut et de long en large, une amputation de tous les membres, quelque chose dont vous ne vous remettrez jamais en apparence et la seule chose, à en croire le corps médical, qui vous remettrait sur pied. Comment y croire ? Il faut donc essayer.

Mais ce lâcher prise recommandé demande des années de travail, des années de douleurs.

On ne peut lâcher prise que si l'on a été jusqu'à l'extermination, lorsque l'autre vous a anéanti, annihilé, pratiquement tué.

C'est juste avant de mourir vous-même et juste avant de voir mourir l'autre, celui auquel vous tenez tant, celui que vous n'avez jamais lâché.

Alors peut-être, dans un ultime instinct de survie, un dernier souffle, lorsque tout semble perdu, c'est peut-être là seulement que vous pouvez accéder à ce rejet de l'autre que vous aimez tant.

Puisque tout, vous, lui, avez été trop loin, assez loin pour qu'une distance entre vous deux s'établisse enfin.

19
La vie

Il y avait la vie.

Et puis, un jour, il y a eu la drogue.

Cette drogue donnée par la mauvaise fréquentation.

Cette drogue qui est aussi la mauvaise fréquentation.

Alors, depuis, après toutes ces souffrances, il reste toujours la vie.

Et qui sait, un jour, peut-être, sans doute, il faut y croire et le vouloir très fort, autre chose que l'on peut nommer une nouvelle vie.

Mais à chaque seconde de ce combat quotidien guidé par l'amour, la détresse, la rage, les différentes stratégies, posologies des nombreux médecins, psychiatres, professionnels, quoiqu'il advienne, vous vous transformez comme drogué vous-même en lutteur abattu obsessionnellement acharné à en voir la fin.

Voilà ce qu'elle fait de nous la mauvaise fréquentation.

Table des matières

Mis en pages par DV Arts Graphiques à Chartres,
cet ouvrage a été achevé d'imprimer
en mars 2007, sur système Variquik
par l'imprimerie Sagim-Canale à Courtry
pour le compte des Éditions Michalon

Imprimé en France
Dépôt légal : février 2007
N° d'édition : 365
N° d'impression : 10100

L'Imprimerie Sagim-Canale est titulaire de la marque Imprim'vert® 2005